スコア
アップ!

名人・萩史之のパークゴルフコース攻略法

萩 史之 監修　和田 玲花 著

北海道新聞社

CONTENTS

第1章 ティグラウンド 003

第2章 フェアーウェー&ラフ 021

第3章 グリーン 047

第4章 状況別攻略法 085

第5章 天候別対処法 125

第6章 コースマネジメント 137

第7章 ミスショット 157

第8章 メンタル 177

第9章 実践コース攻略 199

パークゴルフ用語集 211

スコアアップ!

名人・萩史之の
パークゴルフ
コース攻略法

PARK GOLF COURSE STRATEGY

— CHAPTER 1 —

パークゴルフ コース攻略法

第１章

ティグラウンド

ゲームの組み立てを決める
重要な第１打をマスター。

PARK GOLF
COURSE
STRATEGY

パークゴルフ コース攻略法

ティグラウンド 1

ティグラウンドの向きに惑わされないよう注意

ティグラウンドやティラインの向きは必ずしもフェアーウェー方向に向いているとは限らないので注意が必要です。

意図的にティグラウンドをフェアーウェーの方向とずらして作っているホールがあるため、そうしたホールで垂直に立って向いた方向へそのまま打つと、思っている方向とは異なる方向に飛んでしまいます。飛んでいく方向によっては、ラフや林につかまることがあります。

ティグラウンドの向きに惑わされないためにもアドレスするときは常にティグラウンドの後方に立ち、自分の打ちたい方向を確認することが大切です。

5ページの左上の写真のようにティグラウンドの向きのままアドレスする習慣が身についていた人は、ティグラウンドの向きは指標でしかないということを頭に入れましょう。そして向きをよく確かめてから構えをつくることが大叩きを防ぐ第一歩となるのです。

ティグラウンドやティラインの向きを信じてアドレスするとフェアーウェー方向に行かないこともあるので注意

ティグラウンドの後方からホールを見渡して、ティグラウンドの向きや、打つ方向を確認してからアドレスするクセをつけましょう

POINT

ティグラウンドの罠にはまらず、打つ方向を明確にしてからティショットしましょう

PARK GOLF COURSE STRATEGY

パークゴルフ コース攻略法

ティグラウンド 2

ティアップする場所は常に一定の位置に

決まったエリア内で、好きなところにティアップできるティショット。

エリア内に漠然とティアップするより、例えば、ティラインの少し内側に常にティアップするなど、毎ホールごとに自分が決めた位置にボールを置くと距離感がつかみやすいので、おすすめです。

ただし、パークゴルフの規則では、ティグラウンドにはティラインが引いてあるか、左右に目印（ティマーク）があり、それよりも前方にティアップして打つことはできないことになっています。また、ティグラウンドの高さのあるなしにかかわらず、足の一部でもティグラウンドからはみ出した状態のままティショットを打つとペナルティになるとなっているため、注意が必要です。

ティアップは漠然と行わずボール位置を明確に決めましょう

POINT

毎ホール、同じ位置にティアップすると距離感がつかみやすくなります

足がティグラウンドからはみ出るとペナルティを取られるので注意が必要

PARK GOLF COURSE STRATEGY

パークゴルフ コース攻略法

ティグラウンド 3

ティショットの考え方①
避ける場所を探す

ティショットで目標を設定する場合、避けるエリアを探すようにしましょう。避ける場所はＯＢや池などです。

それらの場所を確認したら、例えば、右側にＯＢがあれば左側を、左側にＯＢがあれば右側を狙い、池があれば、その方向には打たないようにします。

ただし「左に打たないように」と意識するとプレッシャーからスムーズな動きができなくなってしまいます。

また、その方向に意識が向きすぎてしまい、結果的に打ってはいけない方向にボールが飛んでいってしまうことも。「右に打とう」などと肯定的に考えるように意識しましょう。そして無理をせず、できるだけ次打を安全に運べる場所に打ちます。

フェアーウェー上はもちろん、とにかくラクに打てる場所ならＯＫだと考えれば、狙える範囲が広がり、プレッシャーも軽減されるため、力みによるミスショットは少なくなるでしょう。

POINT

ティショットではできるだけ２打目が安全に運べる場所へ打ちましょう

PARK GOLF COURSE STRATEGY

パークゴルフ コース攻略法

ティグラウンド 4

ティショットの考え方②
飛距離を意識し過ぎない

できるだけ遠くへ飛ばしたい―。ティショットを豪快に飛ばすのは爽快で、パークの醍醐味の一つかもしれません。ただ、飛距離を伸ばそうとして大きく振ろうとすると、それだけで上体や下半身が力んでミスしやすくなることも忘れてはいけません。

遠くへ飛ばしたところで、次打が打ちやすくなるという保障もありません。にもかかわらず、それだけの距離を稼ぐためにミスの連鎖を引き起こす可能性を高めているのですから、危険を冒してまですることではありません。スコアをまとめるのに逆効果になることもあります。

8ページでふれたように、次打を安全に運ぶことができる場所に打つことを頭に入れて臨むことが大切です。飛距離を稼ごうと力まず、テンポ良く振れるので、狙い通りのボールが打てるようになるでしょう。

POINT

ティショットを遠くに飛ばすのはパークの醍醐味の一つですが、力みすぎるとミスもしやすくなります

飛ばそうとすると上体や下半身が力み、ミスしやすい

PARK GOLF COURSE STRATEGY
パークゴルフ コース攻略法

ティグラウンド 5

ティショットの考え方③
自分の飛距離を把握しておこう

日頃の練習によって、自分の飛距離を把握しておくことは大切なこと。平均飛距離と、最高飛距離がわかっていれば、コースのどの位置に自分のボールが届くのかがわかり、攻略ラインをよりイメージしやすくなります。

例えば、実際は、普通にショットすれば届く距離なのに、いつもの自分の飛距離がわかっていないと飛ばないと見積もってしまい、「飛ばさなければいけない」と感じることによってそれが力みにつながる可能性もあります。

フルスイングをして遠くに飛ばせる距離だけではなく、「コントロールショット」をしたときの飛距離も知っておきましょう。コントロールショットとは距離よりも方向性・正確性を重視し、振り幅で距離を合わせるショットのこと。スタンスを狭めて、クラブを短く持ち、フルショットよりもコンパクトに打つことで高い確率でボールの芯に当てることができます。これを活用すればさらにコース攻略の幅が広がることでしょう。

POINT

自分の飛距離を把握しておけば攻略ラインがイメージしやすくなります

PARK GOLF COURSE STRATEGY
パークゴルフ コース攻略法

ティグラウンド 6

飛距離アップのために力みをとろう

遠くに飛ばそうとすることで力みが生じ、ミスが出やすくなると前ページでふれましたが、状況によっては飛距離を稼ぎたい場面もあるでしょう。飛距離アップのコツは、まずクラブをボールの芯にきっちり当てることが大前提。芯に当てるためにはボールを最後までよく見ること。

　また、力むとクラブがコントロールしにくくなり、芯から外れやすくなってしまいます。特にグリップは、力んで握ってしまうとインパクトの瞬間にスイング軌

道がブレてしまうので気をつけましょう。

飛ばすには、ヘッドスピードを上げなければなりません。ヘッドを走らせるためにも力みを取る必要があるので、素振りを何度かして力みがとれるまで、１００％の速さで振っていきます。

ヘッドが走ってきたら振ってもバランスが崩れないようにスタンス幅を通常より広めにとります。左足体重のままだと体重移動が使えず、ボールも上がらないため飛距離を稼げませんから、やや右足体重でアドレスすること。体とボールの位置は通常より離します。

スイングはトップの際、右足に重心がかかるようにします。左右の体重配分は９対１の割合で。あとは素振りしたときのイメージで振り抜くと良いでしょう。

通常のアドレスよりボールと体の位置を離して

トップで右足に重心がかかるように

インパクトから一気に振り抜きます

PARK GOLF
COURSE
STRATEGY
パークゴルフ コース攻略法

7

ティグラウンド

スイング上達にスマホの機能を活用しよう

身近で手軽にパークゴルフの技術習得の手助けとなるのが、携帯電話のスマートフォンです。これをスイングチェックに活用しない手はありません。

　スイングは腕の動かし方などに目がいきがちですが、リズミカルな動きと、どういうタイミングで打っているかも大切です。スイングの様子を前、横、後ろから撮影すると、スイングの一連の流れや自分のクセ、理想のフォームになっているかなど細かな動きも確認でき、大いに役立ちます。

　前ページでふれた遠くに飛ばすためのスイングや、コンパクトに打つコントロールショットの確認もできます。自宅でもパットのフォームチェックに使えるでしょう。

　最近のスマートフォンは、写真や動画撮影はもちろんのこと、連続写真、スローモーションを撮る機能もあります。これらの機能を積極的に活用してスキルアップを目指しましょう。

POINT

動画以外にも連写機能やスローモーション機能も使ってみましょう

ショットはタイミングやリズムが大事なので後ろからも撮影するとわかりやすい

PARK GOLF COURSE STRATEGY

パークゴルフ コース攻略法

ティグラウンド 8

朝イチショットは アドレスの向きを正しく

慎重に打ちたい朝イチのティショット。特に大会に出場すると、緊張や不安から力みが出て普段通りのスイングができなくなってしまうことがあります。

ボールをうまく運ぶことばかりに意識が集中してしまい、アドレスを目標方向に正しく向けていないと、いくらいいスイングをしてもボールは思い描いた方向に飛んでくれません。

アドレスの向きを正しくするにはセットアップのとき、スパット（目印）とボールを結んだ飛球ラインに対して、体が平行となるように両足を揃えて立ちます。あとはクラブフェースを飛球ラインに対して垂直にセット、それから両足を広げてスタンスをとるようにしましょう。こうすることで必ず肩や腰のラインが飛球ラインと平行になり、目標に対してスクエアに構えることができるのです。

この方法はパットの際にも有効です。

POINT

アドレスの向きを正しくするには飛球ラインに対して、体が平行になるよう両足を揃えて立ち、それから両足を広げて立ちます

COLUMN 1

コラム 1

スコアカードを活用しよう！

スコアアップのためには、ただ漠然と練習するよりも自分の苦手とすることを知り、その対策に取り組むことが大切です。対策の一つとしてスコアカードを活用する方法があります。

例えばスコアの横に得意なホールに○、注意ホールに△、苦手ホールに×といったマークを記入します。

余白には、「ドッグレッグ」「ラフが深い」「バンカーが多い」などそのホールの特徴や、上り・下りコースを矢印を使って記録するのも良いでしょう。

パット数やグリーン上でのスライスライン、フックラインなどの情報を追加すればスコアアップに直結するパットの上達にも期待できます。

自分が書き込みやすいようにアレンジした方法で記録し、スコアカードと現在つけているスコアカードを比較しながらプレーすると成長度合いも確認できるでしょう。

— CHAPTER 2 —

パークゴルフ コース攻略法

第2章

フェアウェー＆ラフ

いかにパットを打ちやすくするかがポイントとなるアプローチ。精度を高めるには？

PARK GOLF COURSE STRATEGY

パークゴルフ コース攻略法

1

フェアーウェー&ラフ

アプローチの目標はあくまでもボールを落とす場所に

アプローチする際にピンやカップばかりを見る人がいますが、ピンを狙うのであれば、ボールを落とす場所をターゲットにするようにしましょう。これはどのショットでも言えることです。

素振りもピンを見ながら行うより、ボールを落とす場所を見て素振りをしたほうが感じがつかみやすくなります。

ボールを落とす場所を、ピンポイントに設定してしまうとエリアが狭く、難しくなってしまうので、広めのエリアを設定するようにしましょう。「残り1パット圏内に落とすようにする」など余裕をもった目標にすると力みも感じずミスしにくくなるでしょう。

ピンやカップばかりを意識せず、落としどころをターゲットにしましょう

POINT

素振りはボールの落としどころを見ながら行いましょう

PARK GOLF
COURSE
STRATEGY

パークゴルフ コース攻略法

フェアーウェー&ラフ 2

アプローチショットはプレショットルーティーンで磨く

アプローチショットをさらに磨くための方法として「プレショットルーティーン」があります。

　プレショットルーティーンとは、ショットに入る前に繰り返し行う動作や、心の準備のプロセスのことをいいます。同じ手順でアドレスに入ることによって、一定のリズムで打てるようになり、スイングへの集中力が高まるため、ミスが少なくなり、スイングが安定します。

　スイングのリズムが速くなったり、遅くなったりしてボールの方向が乱れるなど調子が落ちてきたときにはプレショットルーティーンを見直してみましょう。セカンドショット以降のプレーだけでなく、ティグラウンド上やパットの際にも有効です。

　また、コントロールショットを活用するのも良いでしょう（12ページ参照）。飛距離や方向性の微妙な調整をするときには、クラブを短く握ればミート率がアップします。

〈プレーショットルーティーンの一例〉

フェース面を目標に合
わせてアドレスする

スパット(目印)を見る

リズム良くスイング
する

PARK GOLF COURSE STRATEGY

パークゴルフ コース攻略法

フェアーウェー&ラフ 3

アプローチは上げて寄せるより、転がしが基本

アプローチの際には、まずは転がす方法で寄せていくことを考えるようにしましょう。転がして寄せるほうがボールを上げて寄せよるよりミスが少なくなり、カップインの可能性が高くなるからです。

転がすメリットとしては、グリーン上をボールが転がっていく際に、ボールの軌道から、次のパットのための情報を得られることが挙げられます。また、確実に寄せなければならないプレッシャーのかかる場面でも、振り幅が小さくてすむのでダフりやトップといったミスも少なくなるといったメリットがあります。

アプローチを転がしから始めるようにすることで、その精度が上がり、カップインする確率も高まります。

ただ、うまく打てる自信があったり、上げるほうが得意で距離感が出しやすいのであれば、ボールのある場所によっては上げるほうを選択して良い場合もあるでしょう。

POINT

転がすことを意識すると振り幅が小さくすむので、ミスショットをしにくくなります

PARKGOLF COURSE STRATEGY

パークゴルフ コース攻略法

フェアーウェー&ラフ 4

アプローチでの距離の打ち分け方は3通り

　距離を打ち分ける方法は、ティショットでもパットでも同様です。

　打ち分け方は3通りあります。パットでよく使われますが、左右対称に振り、その振り幅で距離を打ち分ける方法が一つ。

　二つめは、小さめのトップから強めにインパクトし、フォローで大きく振り抜いて距離感を出す方法。それとは逆に大きめのトップからフォロースルーを小さくすることで距離感を調節する方法もあります。

　これらの方法は、特にラフなどで使えますので、三つの打ち方で距離感を出すようにして、様々なシチュエーションに対応できるようにしましょう。距離感を出すには素振りも大切なので目標を見て弾道をイメージしながら、忘れず行うようにしましょう。

大きめのトップからフォロースルーを小さくして距離感を出します

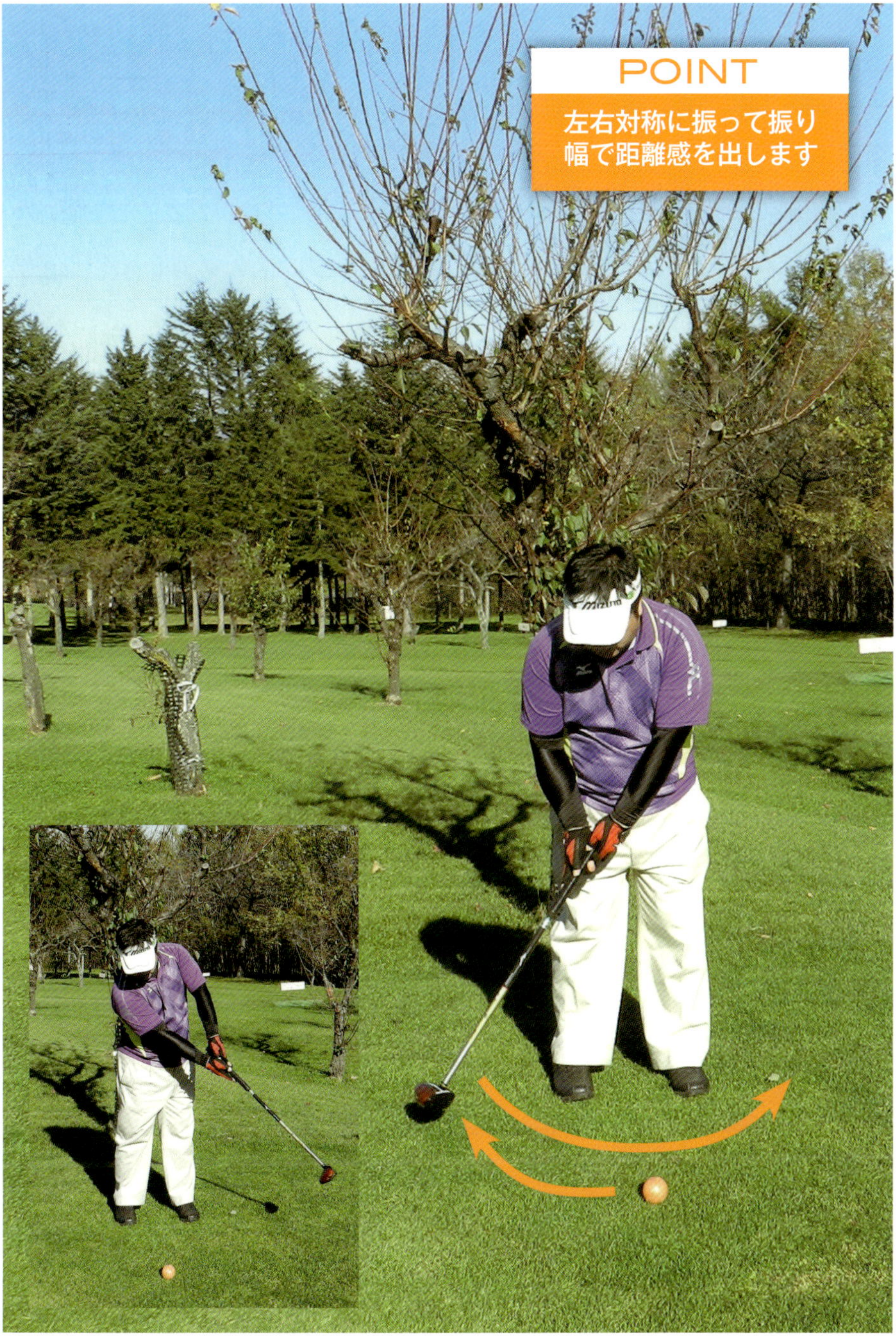
POINT
左右対称に振って振り
幅で距離感を出します

距離感を出すには素振りも欠かせません

PARK GOLF
COURSE
STRATEGY

パークゴルフ コース攻略法

5 フェアーウェー&ラフ

安全なフェアーウェーでもライの確認は忘れずに

ボールがフェアーウェー上にあったとしても打つ前に行うボールのライ（ボール周辺の状況）の確認は必須です。ボールは芝の上に乗っていることもあれば、沈んでいることもあります。季節によっても夏場の芝は伸びて沈みやすかったり、冬場は芝が薄くなり地面が固くなったりしてボールの芯に当てるのが難しくなります。

フェアーウェーの刈り方によっては逆目と順目の違いが出ることもあります（P53参照）。ラフほど大きな影響を受けないとしても、逆目の場合、多少芝の抵抗があるので注意しましょう。ボールのライを確認したら足場の傾斜も確認し、それに合ったアドレスでショットします。こうした一連の確認作業はフェアーウェーであっても必ず行いましょう。

足場の傾斜も確認したら
ショット

POINT

フェアーウェー上も
ボールのライは必ず
チェック

PARK GOLF
COURSE
STRATEGY

パークゴルフ コース攻略法

フェアーウェー&ラフ 6

ラフからの脱出①
ボールが芝の上に浮いていたら、「すくい打ち」

ラフから脱出する際にはまずライの見極めをすることが大切です。

まずはボール付近の芝の長さやボールの沈み具合をチェックし、ライの状態によって攻め方を変えます。

ボールがラフの上にのっている場合には「すくい打ち」を使います。すくい打ちは、アドレスした際にクラブの打球面の中心よりもボールの中心が高い位置にあるときにも使います。

左足の前にボールを置いて、スクエアに構えます。ティショットを打つように、ボールの下にティがあるイメージで下からすくい上げます。右ひざを深く曲げて、右足に重心をかけるのがポイントです。

すくい打ちはラフにボールがつかまった場合だけでなく、上り斜面など様々な場面で活用できるので練習して技術を磨くようにしましょう。

ボールが芝に浮いている状態

右ひざを深く曲げて、右足に重心をかけましょう

ボールの下にティがあるイメージで下からすくい上げます

PARK GOLF
COURSE
STRATEGY

パークゴルフ コース攻略法

7

フェアーウェー&ラフ

ラフからの脱出②
ボールが沈んでいたら、芝と一緒に打つ

まず、ラフにボールがすっぽり潜っていたら確実にフェアーウェーに出すようにしましょう。グリーンを狙うとラフに負けまいと必要以上に腕や肩に力が入り、ダフったり、ボールを大きく曲げてしまったりミスを誘発してしまいます。

　打ち方はボールを直接打とうとせず後ろの芝と一緒に打つようにしましょう。インパクトの瞬間は芝を打ってからボールにヘッドが当たるように振ります。

　具体的には、左足よりも右足が前に出るオープンに構え、クラブフェースは少し開きます。

　クラブは真後ろにひかず、足の向きと同じ方向に斜め上からひき、斜め下に切るように打ちます。

　このときヘッドスピードは一定にします。そしてグリップを緩めないよう、振り抜いたあとも左足方向に切って伸ばすように打ちましょう。

POINT

クラブフェースは少し
開いてアドレスします

振り抜いたあとも左足方向に腕を伸ばすように打ちましょう

斜め上からクラブを引き上げます

斜め下に切るように打ちます

PARK GOLF
COURSE
STRATEGY

パークゴルフ コース攻略法

フェアーウェー&ラフ 8

ラフとエッジの境に止まった場合は、上部を強めにヒット

ボールがラフとグリーンエッジの境に止まった場合は脱出が最優先なので、カップを直接狙うより、カップ周りなどターゲットを広めに設定しましょう。

ショットは、ラインが見やすいようにボールを左足前に置いて、芝の影響を考えて、カップ1個分奥に転がるようにイメージして、ボールの上部を強めに打ちます。

パークゴルフの規則ではクラブを芝生におしつけるなどして意図的に形を変えた場合には、ライの改善となりペナルティになってしまいますから、この点は注意しながら打つようにしましょう。

この打ち方で思うようにコントロールできない場合は、「かぶせ打ち」を試してみましょう。かぶせ打ちの場合、ボールを右足のつま先線上に合わせて置き、スクエアスタンスになります。そして、クラブフェースをボールの斜め上からかぶせて、上から下にたたきつけるようにして打ちます。通常より強めに打つので、クラブを強く握り、手首を傷めないように固定します。

POINT

ラインが見やすいようにボールを左足前に置きます

ボールの上部にヒットするように打ちます

右足前にボールを置いてかぶせ打ちにしてもいいでしょう

POINT

カップ１個分奥に行くようなイメージで強めに打ちます

PARK GOLF
COURSE
STRATEGY

パークゴルフ コース攻略法

9

フェアーウェー&ラフ

ベアグラウンドはショットを使い分ける

ベアグラウンドとは、芝が薄くなっていたり、土がむき出しになっている地面のことをいいます。草がないので、正確にヒットするのが難しく、ダフりやトップになりやすいライです。

バンカーからの脱出と同じ要領で、ボールが土に浅く入っている状態か、深く埋まっている状態かで、ショットを使い分けます。

浅く入っている場合は、スクエアスタンスでフェースを閉じ気味にしてまっすぐ転がします。

深く埋まっているときはかぶせ打ちを使い、クラブフェースを斜め上から下に叩きつけるようにして打つとボールがふわりと浮き上がります。

また、同じベアグラウンドでも柔らかい土の場合は、芝の上と同じようなスイングでもかまいません。

硬い土の場合は、ヘッドが手前に入るとダフりやすいので、振り幅を狭めて正確なインパクトを心がけながらプレーしましょう。

POINT

ボールが浅く入っている場合はスクエアスタンスでまっすぐ転がします

斜め上から叩きつけるとボールがフワりと浮き上がります

脱出優先なので距離は出ません

土に深く埋まっている場合はかぶせ打ちで

COLUMN 2

コラム 2

自宅でもできる簡単パット練習法

コースに行く時間がとれないときには自宅で気軽に練習できる方法を活用してスコアアップを目指しましょう。特にパットは練習すればするだけ技術力はアップしますから、積極的に時間を見つけて練習しましょう。

方法の一つとしてボール2個をボール1個分が通る間隔で並べ、その間にボールを転がしていく練習があります。初めのうちは近くから打っていきますが、慣れてきたら距離のある位置からもパットするようにしましょう。

ボールを1個置いて、もう1個のボールをそのボールに当てる方法もあります。2個のボールの距離は、1メートルから初めて、1メートル50センチ、2メートル…と50センチなどと等間隔で広げていきます。インパクトの瞬間にボールの芯にきちんと当たっているかどうか確認する練習です。芯をとらえていれば方向性は安定します。頻繁にクラブを持ち、練習するクセをつけましょう。

— CHAPTER 3 —

パークゴルフ コース攻略法

第3章

グリーン

最もスコアに反映されるパットの技術とライン読みの知識を学びましょう。

PARK GOLF COURSE STRATEGY
パークゴルフ コース攻略法

グリーン 1

パットの基本①
五角形をキープしながら振り子のようにストローク

パットのアドレスの際には、まずは打ちたい方向にフェースを合わせます。まっすぐ打つことが大切なのでスタンスはその向きに合わせたスタンスを探し出しましょう。一般的にはオープンかスクエアスタンスで。ただし、肩、腕、手については、目標に対してスクエアにセットしてストロークしなければなりません。

ボールの位置については、左目の下に置いた方が、グリップ位置と体との間隔が適度にあくので、自然にストロークができます。

アドレス時にグリップと両肘、両肩を結んでできる五角形をキープしながら、左右対称にリズムよく振り子のようにストロークしましょう。

オープンかスクエアスタンスで構えましょう

POINT

パットは五角形を崩さず打ちましょう

パットの基本②
ボールの側面を見つめすぎないように注意

アドレスでフェースの向きを合わせるために、ボールに直接ラインを書き込んで、そのラインを利用している人もいるでしょう。ただ、そのラインを見つめすぎると、ストロークがぎこちなくなってしまうこともあるので、ボール全体を見るよう心がけましょう。

また、特にショートパットでは、カップとボールを交互に確認していると、いつの間にか頭の位置が左にずれてしまいやすくなるため注意が必要です。このような状態になると、ボールの左側面が見えるようになります。こうなってしまうと、かき寄せるようなインパクトになり、引っかけなどのミスが出やすくなるのでこの点に気をつけながらパットしましょう。

ショートパットでは頭の位置が左にずれやすいので注意

POINT

ボールの側面を見すぎるとストロークがぎこちなくなることもあるので、ボール全体を見るようにしましょう

ラインの読み方①
グリーンに上がる前にも傾斜をチェック

上り、下り、スライス、フック。傾斜によって打球の速度、曲がり方は変わってきますから、ラインを読むためには、まずグリーン全体を眺めて傾斜を確認することに集中しましょう。

　グリーンに乗ってしまうとどちらに傾いているかわからなくなることがあるので、グリーンに近づきながらある程度グリーンの全体像を把握しておきます。

　そしてグリーン直前に来たらそこで止まり、グリーンの全体を見渡し、最も高い地点と低い地点を確認します。

　グリーンに上がったら、ボールとカップを結んだラインの中間の真横の位置まで移動して、ここでは高低差がどれくらいあるかを詳細に確認します。それからカップの反対側に移動して、ライン全体を見ます。こうすることで左右の高さによってフックなのかスライスなのかも判断できます。（次ページへ続く）

グリーンに上がる前に傾斜を確認します

グリーンに上がったら、ボールとカップを結んだラインの中間の真横の位置まで移動して、高低差がどれくらいあるか確認

カップの反対側から、ライン全体を見ます

芝目を読む

芝目とは、芝の向きのことを言い、逆目と順目があります。芝が暗く見えた場合には逆目、明るく見えたら順目になります。逆目では、芝の抵抗が大きく、ボールの転がりは悪く、順目は芝の抵抗が小さいため、ボールは転がりやすくなります。また、一般的には芝が高い方から低い方に向かって順目、水のある方向や南（太陽のある）方向に向かって順目となります。

プレーヤーがグリーン上を歩くため、次のホールに向かう道に向かって順目となる場合も多く、これらを考慮してラインの芝目を読むようにしましょう。

PARK GOLF
COURSE
STRATEGY

パークゴルフ コース攻略法

グリーン 4

ラインの読み方②
視線を低くしてラインを見る

（前ページからの続き）次にカップへ。ボールの転がりが最も影響を受けるカップの2メートル圏内の状況を細かく見ます。その後はボールまで行って、ボールの後方からしゃがむなどして視線を低くしてラインを見ます。このとき見るのはカップではなく、ラインの頂点となる曲がり始める点です。この点とボールとを結び、そこを転がるボールの曲がり方やスピードをイメージします。

　余裕があればカップからラインの脇を歩き、傾斜の細かい情報を足の裏から得るようにしましょう。

　ラインを慎重に読むことは大切ですが、時間を掛けすぎて進行を遅らせる原因にならないよう、ライン読みの練習を重ねて短時間でこれをできるようにするか、状況に応じて数か所省略するなどしましょう。

　また、歩くときも他の人のラインは踏まないように、そしてボールを取るときもラインにかからないようにカップの裏から取るように気をつけましょう。

POINT

余裕があればカップとボールを結んだラインの傾斜も確認しましょう

ボールを取るときもラインにかからないようにカップの裏から取るようにしましょう

PARK GOLF COURSE STRATEGY

パークゴルフ コース攻略法

グリーン 5

ラインの読み方③ 打った後のボールからも情報を得よう

よく、打った瞬間にカップインするか、うまく寄せられたと感じた場合にはボールが止まるまで見ていても、大きく外れたパットは最後まで見ていない人がいます。外れたパットにも、次のパットに役立つ情報が隠れていますから、打球は最後まで見届けるように意識しましょう。

ボールの曲がり方から大まかな傾斜をつかむことができますし、球足が伸びたか止まったかなどを見ていれば、順目か逆目か、上りか下りかなども判断でき、次のパットのカップイン率が上がるからです。また、事前に自分が予測した情報よりも事後の結果から得る情報の方がより次打の参考になるため、ほかの人が打った後のボールの転がりを見ることも大切です。

ほかの人が打った後のボールの転がりも確認しましょう

POINT

ボールはカップインするまで動かず、最後まで見届けましょう

次のパットも考えてラインを読む

ほかのショットでもパットでも、２打目を想定して１打目に臨むことは基本です。返しのパットでは上りのラインやまっすぐなラインを残したほうが簡単ですから、カップインする確率が高くなります。２打目が下りのラインや曲がるラインになってしまうと、方向性と距離感の両方を合わせなければならないため、下りよりも上りのライン、曲がるラインよりもまっすぐなラインを残すように心がけましょう。

PARK GOLF COURSE STRATEGY
パークゴルフ コース攻略法

グリーン 6

上りパットはカップの先に目標地点を設定

上りパットの場合は、傾斜の影響を受けて打球が減速するため、距離のあるなしにかかわらず強めに打つようにしましょう。カップの先に目標を設定して、その地点まで届かせるように強めにパットします。

距離が短い上りパットだと距離をコントロールしやすいため、カップの先のできるだけ近いところに目標を設定します。距離が長い場合は、1～2メートルくらいまでオーバーさせるつもりで打っていきましょう。目標をカップの近くで設定してしまうとショートすることも考えられるからです。

長い上りの場合には、カップ周辺やカップの先から下りになることもあるため、そのエリアの傾斜も確認するようにしましょう。

上りのパットでは頭の位置が右足のほうに寄りやすくなるため、カップの右に外しやすくなる傾向があります。打つ強さを意識するだけでなく、ボールをまっすぐ転がすためには、頭の位置をスタンスの中央にして構えるということも上りパットの大切な要素。

POINT

上りパットはカップの先に目標を設定します

カップ周辺の傾斜も確認しましょう

PARK GOLF
COURSE
STRATEGY

パークゴルフ コース攻略法 7

グリーン

下りパットの目標はカップの手前

下りのパットでは、ボールが傾斜によって加速するため、カップの手前にスパット（目印）を設け、傾斜を利用してそこを目標にパッティングしましょう。

コース上はティグラウンドからカップに向かって人が歩くため芝目ができやすく（芝が傾くこと）、下りパットでは傾斜との相乗効果で通常より強い傾きの芝目ができることがあります。

芝の抵抗が少ないためボールが加速しやすくなり、軽く打つと自然とカップに落ちますが、強く打ちすぎると勢いがつきすぎてカップのふちに当たり、カップの上を通り過ぎてオーバーしてしまうことがあります。

下りのパットでは、カップまでの距離を打とうとすると、オーバーする可能性が高くなります。イメージしたラインに合わせて、ボールが自然に斜面を転がってカップに落ちるよう、カップの手前でボールを止める強さでヒットすることを心がけましょう。

POINT

下りパットは傾斜によってボールが加速するため、カップの手前に目標を設定

下りのパットでは、カップを覗き込むように見ているうちに、頭の位置が左に寄りやすくなるため、左に外しやすくなります。打つ強さに気を配るだけでなく、頭をスタンスの中央にすることを心がけて構えることを忘れずに。

PARK GOLF COURSE STRATEGY

パークゴルフ コース攻略法

8

グリーン

スライスラインは曲がりの頂点に打ち出す

ボールからカップにかけて左が高く、右が低くなっていたら右に曲がるスライスラインです。カップに向かってまっすぐ打つとボールはカップの右にそれていってしまいます。

ライン読みで最も難しいのがこのような曲がるライン。どれくらいのカーブを描いて曲がるかは、グリーンの傾斜の度合いや芝目の向き、カップまでの距離によって大きく変わります。

また、曲がるラインでのストロークは、ラインの曲がりの頂点を見極め、その頂点に対してボールの打ち出しのストレートラインを想定します。そして曲がりの頂点を目標として、そこにフェース面を向け、まっすぐに打ち出します。カップの左側に仮想のカップを設定すると打球がイメージしやすくなります。

注意したいのは、意識するのはカップではなく、あくまで目標だということ。カップを見てしまうと、カップ方向に打ち出してフェースが開きやすくなってしまうからです。

○
POINT
カップの左側に仮想の
カップを設定すると打
球がイメージしやすく
なります
×

スライスラインではカップにむかってまっすぐ打つとカップの右にそれてしまいます

PARK GOLF COURSE STRATEGY

パークゴルフ コース攻略法

グリーン 9

フックラインはカップの右側に目標を設定

ボールからカップに向かって右が高く、左が低くなっていたら、左に曲がるフックライン。カップに向かってまっすぐ打てばボールは左にそれてしまいます。

　傾斜が強いほど左に切れてしまいますから、スライスラインと同様、傾斜を読むことを怠らず、どれくらい左に曲がるのかイメージを固め、目標を曲がりの頂点になりそうな場所に設定します。イメージしやすいようにカップの右側に仮想のカップを設定しても良いでしょう。

　そこにフェース面を向けてまっすぐに打ち出します。フェース面だけを目標に向けるのではなく、アドレスも目標方向にスクエアにしなければなりません。

　やはりカップ方向を意識してしまうと、その方向にヘッドが向かってしまい、ひっかけやすくなってしまうので、あくまでも意識するのは目標だと常に心にとどめておくようにしましょう。

POINT
カップに向かってまっすぐ打てばボールは左にそれてしまいます

POINT
カップの右側に仮想のカップを設けてもいいでしょう

PARK GOLF COURSE STRATEGY

パークゴルフ コース攻略法

10

グリーン

ロングパットは強めに打ってショートするのを防ぐ

　ロングパットの場合は長いパットだと判断したら、カップインを狙うことよりも寄せることを優先するようにしましょう。この際、注意することはショートしないこと。確実にカップインできる距離が残っていればカップを狙いにいっても良いですが、1メートル以上ショートしてしまうと、また新たなラインに挑まなければならなくなります。

　ショートしないためにもカップを少しオーバーさせるくらい強めに打つのがロングパットのポイントです。これはどんなショットでもいえることですが、オーバーするとカップの先でどういう切れ方をするか、どのくらいのボールのスピードなのかなど、返しのパットを打つときの情報が沢山詰まっているからです。

　インパクト後はこの情報をつかむためにも、ボールが止まるまで目を離さないようにすることも大切。オーバーの度合いがイメージしていたより大きかったとしても、情報を得た分だけショートするよりは良いととらえましょう。

POINT

ロングパットはショートしないためにも強めに打つようにしましょう

POINT

もしオーバーしても返しの情報が入るようにボールが止まるまでしっかりと見ましょう

PARK GOLF
COURSE
STRATEGY

パークゴルフ コース攻略法

11

グリーン

ショートパットは確実にカップイン

カップまで1メートル前後のショートパットは短い距離といっても1打は1打ですから、スコアをまとめるためには確実に決めることこそが最も重要です。

弱いと曲がる可能性がありますし、強めに打つと切れにくくなります。よほどの傾斜地にカップがない限り、カップを外すほど大きく切れることはないので、カップを外さずに打つことが大切です。

確実にカップインさせるためには、カップに届かせなければなりません。そのためには30センチほどカップをオーバーさせるイメージで強めに打つようにしましょう。素振りでもボールがカップに届くイメージをもって同じ振り幅でストロークすることがポイントです。下りのパットは強すぎず、上りのパットはより強めに打つことも忘れずに。

ショートパットでもカップ周辺の状況なども事前にチェックしましょう

POINT

1メートルほどであれば外さないようなラインを選んでしっかり打ちましょう

PARK GOLF COURSE STRATEGY

パークゴルフ コース攻略法

グリーン 12

グリーンの攻略①
芝の詳細な情報をつかもう

グリーンの状態はその日の気候条件などからも影響を受けますが、パットしていて、グリーンが速いと感じたら弱めに打ったため、カップに到達する時間は遅くなります。その分、重力の影響を受ける時間も長くなりますから、曲がりは大きくなります。逆に重いグリーンだと判断したら強く打つので、カップに届くまでの時間は早くなり、それだけ重力のかかる時間は短くなるためボールの曲がりは小さくなります。

また、グリーンは多少の凹凸や芝目の向きが転がりに影響することをお忘れなく。大会で後半組のスタートだと、カップの周りが多くの人に繰り返し踏まれることで微妙に凸凹していることがあります。このためカップ近辺は球速が遅くなることで、まっすぐ転がる力も弱くなり、イメージしていたラインから外れてしまうことがあります。凸凹に影響を受けないように強く打とうという考えになりがちですが、強く打とうと力むと、それがミスを誘発しますから、力まずジャストタッチを目指して。

POINT

カップ周りは微妙に凹凸していることがあり、イメージしていたラインから外れることも

グリーン 13

グリーンの攻略②
パットのターゲット設定は広く

どんなショットでも言えることですが、パットの目標設定を「1パットで絶対決める」などと厳密な目標にしてしまうとプレッシャーがかかってしまいます。目標は広めにとり、その中にボールを止めるイメージで臨むようにしましょう。

　例えば、カップを中心にした半径1〜2メートルの円をイメージし、その円内に止めるように打っていきます。

　慣れないうちは円内に止めるか、オーバーめに打っていくと返しの情報が入ってくるので少しオーバーするように打っても良いでしょう。もちろん理想はボールがカップのフチぎりぎりに止めるように打つことですが、ターゲット設定を広くした方がいい場合もあることを頭に入れておきましょう。

POINT

パットはオーバーしても返しの情報が入ってくるのでターゲット設定は広く

PARK GOLF COURSE STRATEGY

パークゴルフ コース攻略法

グリーン 14

距離が短い「お先」パットも慎重に

通常は、カップからボールまでの距離が長い順にパットしますが、短い距離にボールが寄ったときに「お先に」と言って、2回続けて打つことを「お先」パットと言います。このとき、距離が短いからといって、クラブの端でチョンと叩いてカップに入れる人がいます。しかし、距離が短くても1打には変わりませんから、ここは慎重にプレーしたいもの。

ショートパットの場合、確実にカップインする自信があるだけに、外すとその後のプレーへの心理的ダメージが大きくなってしまいます。

短い距離でもラインを読んで、クラブフェースはまっすぐにカップ方向に向けます。通常のショットと同様のリズムでストロークすることが大切です。

アドレスができたらよほどの傾斜がない限り、まっすぐ打てば入ると信じてパットしましょう。また、自信がなければたとえ「お先に」の距離でも順番を待つようにしましょう。

短いパットだからといって片手打ちはいけません

お先パットでもしっかりアドレスして打ちましょう

フェースがカップを向いていない

フェースはしっかりカップに向けて

フェースがカップを向いていない

PARK GOLF COURSE STRATEGY

パークゴルフ コース攻略法

グリーン 15

ピン位置による攻略法

ピンが手前にある場合はグリーンセンターを狙うことがポイントです。ピンぎりぎりを狙うと、落とし場所は当然、狭くなりミスする可能性が高くなります。さらに池などを越えなければならない場合はなおさら難しい状況になります。

ピンが奥にある場合もベタピンを狙ってオーバーすると、特に受けグリーンの場合はグリーン奥からのアプローチは狭くなり、下るラインが残るため攻略が難しくなってしまいます。このため、ピン位置が手前でも奥でもグリーンセンターを狙うように心がけましょう。

グリーンではボールの転がる距離が計算できるため、転がしで攻めましょう。特にピンが奥にあるアプローチの場合は、グリーン面が多く使えるというメリットがあるため、転がしを優先で考えましょう。

ピンがグリーンの端に立っている場合もピンをターゲットにしてはいけません。もしミスしたときピンの反対側にボールが行けば次打が打ちやすくなります。

　しかし、ピンのあるサイド方向に外すとグリーン周りから打つことになり、難しい状況となります。例えば、その外したグリーン周りが深いラフやバンカーだった場合、脱出が難しく打数を増やしてしまう可能性が高くなってしまいます。

〈ピンが手前や奥にある場合〉

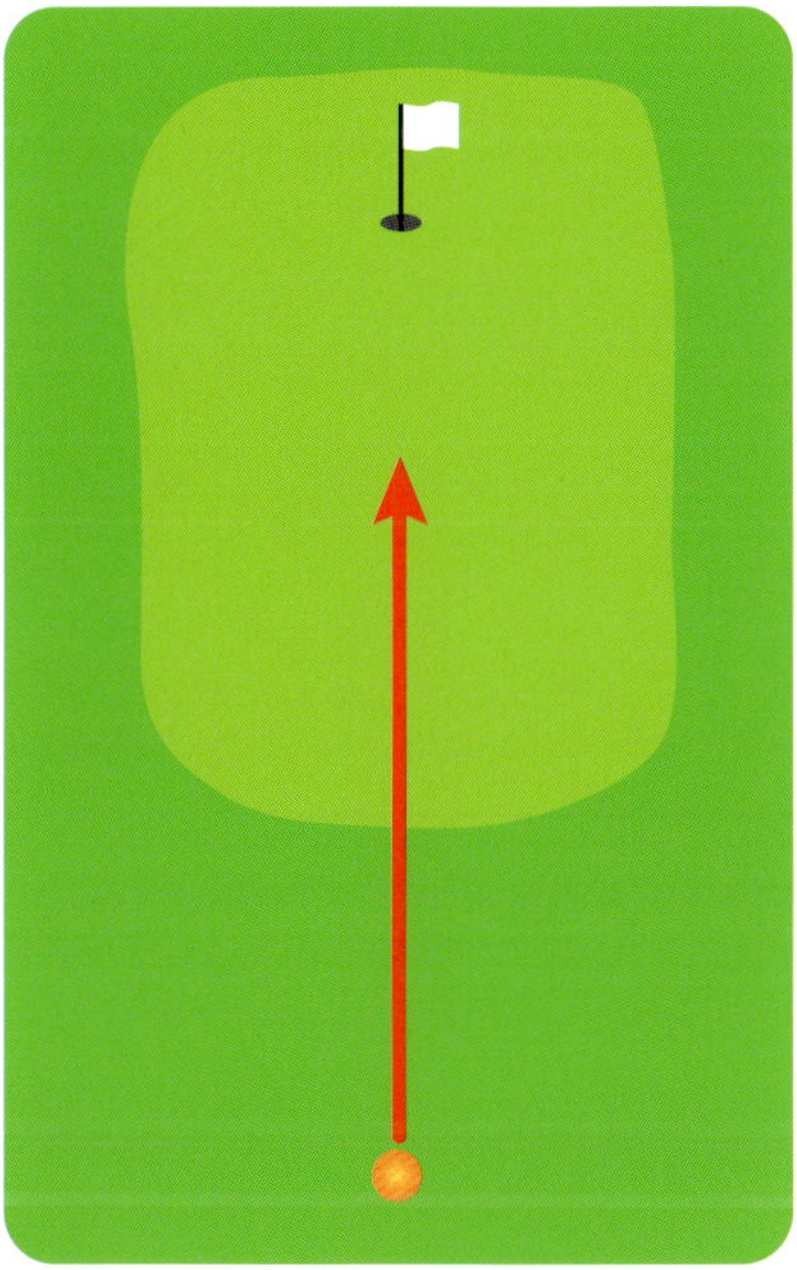

狙いはグリーンのセンターにしましょう

〈ピンが右端、左端にある場合〉

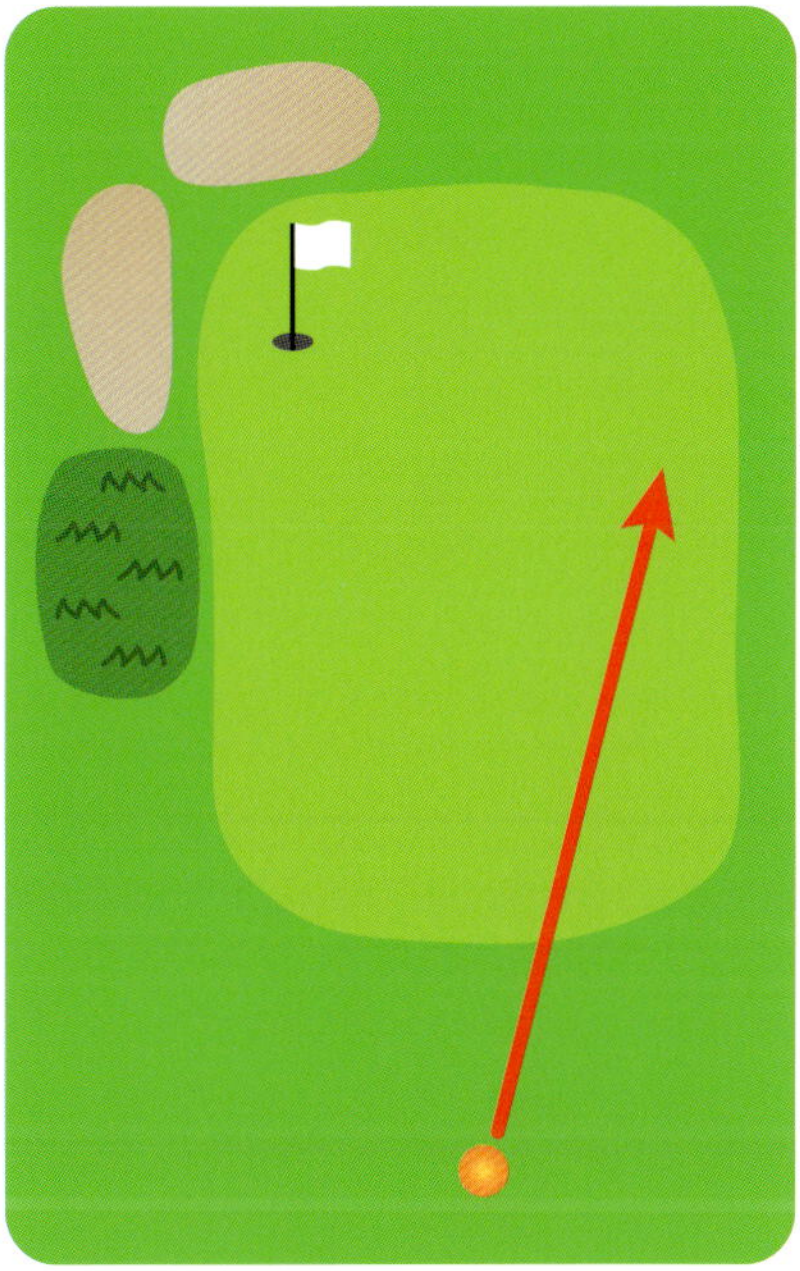

この図のように左端に立ったピンを外してしまうと、次打が難しくなります

PARK GOLF COURSE STRATEGY

パークゴルフ コース攻略法

16 グリーン

砲台グリーンは弾道をしっかりイメージする

グリーンが周囲よりも高く台地のようになっている砲台グリーン。グリーンの傾斜を意識しすぎて強めに打つと、打球がグリーンの傾斜を上がっていく勢いでボールが空中に飛び出しやすく、オーバーしてしまいます。逆にショートして手前の斜面にボールが落ちるとコロコロと転がり落ちてきてしまうので、距離感が難しいグリーンです。

砲台グリーンへのショットは、弾道のイメージがないまま打ってしまうとミスしやすいですから、アドレスに入る前にどれくらいの高さで打っていくかを思い浮かべるようにしましょう。そのイメージした弾道に合わせて構えて、打つようにします。

フェースを開いて、少し左を向いて構え、思い切り左に振り抜いていくと、高く上がってピタリと止まります。

また、砲台グリーンを手前から見ると、傾斜があるため、距離が短く感じることがあります。事前に距離や傾斜、ピン位置を確認することも大切。

POINT

弾道をしっかりイメージしてから打つようにしましょう

低い位置からだとカップ周辺の状況が確認できません

邪魔にならないように気をつけてグリーン付近に行きカップ周辺の状況をチェックしましょう

PARK GOLF COURSE STRATEGY

パークゴルフ コース攻略法

グリーン

17

パットの方向性と距離感を高める練習方法

パットは方向性と距離感の両方が大切で、これらを養う練習プラスグリーンを読む練習もするとなお良いでしょう。これらを高める練習方法を紹介します。

グリーンのカップを時計の中心に見立てて12時、3時、6時、9時の方向にボールを置いてその4方向から打つ練習をします。パットは順目や逆目など芝目にも対応しなければなりません。この方法だと色々な芝目に対応できるようになります。

また、ボールを5個使って行う練習方法もあります。

カップから一直線上に5個のボールを等間隔で並べ、カップに近いほうから順に打っていきます。等間隔であれば、ボール同士の間隔は自分で決めた距離でかまいません。

そしてあらかじめ「30センチオーバーするように打つ」などと距離を設定しておいて、5ヵ所から1球ごとにその距離を出しながら打っていきます。こうした練習を繰り返し行うことで、少しずつ距離感が養われていきます。

POINT

グリーンのカップを時計の中心に見立てて４方向から打つ練習をします

POINT

等間隔でボールを並べ打っていきます

PARK GOLF COURSE STRATEGY

パークゴルフ コース攻略法

グリーン

18

大会当日の直前練習でボールの転がりを確認

大会によっては朝練習を許可している場合もあるので大会役員などに確認することが必要ですが、当日に練習グリーンなどで練習できる場合は、スタート前にこの練習グリーンにも足を運び、パッティングの練習をしておくようにしましょう。ボールの転がりはコースのその日の芝の刈り具合や天候などによって変わりますから、その確認をしてその日のグリーンに合った距離感をつかむようにします。

例えば練習グリーンで歩測して、10歩の距離のパットを何度も打ってみて、速いグリーンか重いグリーンかその日のグリーンの速さやストローク幅をチェックします。

そして、その日のグリーンの速さを把握したら、それにボールの転がるスピードを合わせられるかを練習で確認します。そして、少しずつ距離を短くしていき、最後は短いパットで仕上げるようにします。カップインの良いイメージのまま、気分良くスタートホールに立つことができます。

大会当日は練習グリーンで芝の速さを確認しましょう

コラム 3

調子が悪い日の調整法

日ごろの疲れがたまっていたり、寝不足が続いていたりしてプレー当日の朝にコンディションがすぐれないと感じたら、その日は無理に攻めようとしたり、飛距離を出そうとしたりせず、慎重にプレーしようとするでしょう。

しかし、これが大会当日となると体調は万全でなくても、最後までベストを尽くして頑張りたいところ。そんな日は、素振りをいつもよりゆっくりと振るようにしましょう。

体調が悪いときは、その悪さを補おうとしてかクラブを振るときに力が入り、振り急ぐためミスショットにつながりやすくなります。ゆっくりとした素振りは、そうしたスイングリズムの乱れを調整してくれるでしょう。

また移動の際や待ち時間に景色を見ることも、気分転換となっていつもの調子が取り戻せることもあり、おすすめです。

— CHAPTER 4 —

パークゴルフ コース攻略法

第４章

状況別攻略法

左足上がり&下がり、つま先上がり&下がりなどのコース状況に応じた攻略法を解説。

PARK GOLF
COURSE
STRATEGY

パークゴルフ コース攻略法

状況別攻略法 1

ドッグレッグはフェアーウェーなりに打つ

「ドッグレッグ」ホールは犬の後ろ足のようにフェアーウェーが大きく左右に曲がっているホールをいいます。

基本は、1打1打距離感をつかみながら、フェアーウェーなりにボールを打っていくことです。コーナーの反対側の広いエリアに仮想のカップを設定して、そこを目標にして打つのも良いでしょう。

ドッグレッグで注意すべきことは、ティショットでは直接ピンを狙うショートカットの危険をおかしてはいけないということ。次打が打ちやすくなるように戦略を立て、そのルート通りにプレーを進めていきましょう。

ショートカットすると背の高い木などに引っかかる可能性も高くなり、落とし所が見えないため距離感もつかみにくくなってしまうからです。またコースによっては「木を越してはいけません」などの注意を促す看板が立てられています。よほど自信がない限り、遠回りのルートになってもルート通り安全に攻めるようにしましょう。

POINT

ドッグレッグホールは1打1打距離感をつかみながら、フェアーウェーなりにボールを運ぶことが基本

コースによっては「木を越してはいけません」などの注意を促す看板が立てられています

コーナーの反対側の広いエリアに仮想のカップを設けて、そこを目標にしてもいいでしょう

PARK GOLF COURSE STRATEGY

パークゴルフ コース攻略法

状況別攻略法 2

「打ち上げ」は右足に体重が残らないようにスイング

グリーンやフェアーウェーがティグラウンドより高くなっている「打ち上げ」。打ち上げは、実際の距離よりも長く感じ、ボールが早く落下するために距離が出にくくなります。ボールを高く上げようとして目線が高くなり、体の左サイドが伸び上がってフェースが開き、ボールが右方向に飛び出しやすくなるのです。

対策としてまずはボールを高く上げようとせず、平坦なホールと同じようにいつもどおりの体重配分で水平に構え、目線も水平にして打つこと。スイングでは右足に体重が残らないように意識しましょう。フィニッシュで体重が左足に乗り切るように振ることも大切。

打ち上げでもピンを意識しすぎないこと。特に、手前側にあるピンに寄せようと意識するとインパクトが緩み、ボールが上がりきらないこともあるため、奥までボールが転がってもかまわないつもりで大きめに打つようにしましょう。ただし、ハザードなどは避けて。

POINT
打ち上げホールでは
ボールを高く上げよう
とせず、平坦なホール
と同じよう目線も水平
にすること

スイングでは右足に体重が残らないように意識しましょう

ボールを高く上げようとして目線が高くなり、フェースが開き右方向に飛ぶボールが出やすくなるので注意

PARK GOLF COURSE STRATEGY

パークゴルフ コース攻略法

状況別攻略法 3

「打ち下ろし」で、アゲインスト（向かい風）のときは低い弾道で

「打ち下ろし」はボールの場所よりもグリーンが低いことをいい、高いティグラウンドから低いフェアーウェーを見下ろすのも打ち下ろしといいます。

　打ち下ろしは、低いフェアーウェーを見ると覗きこむような体勢になり、左足体重になりすぎたり右肩が前に出すぎたりして、普段通りのアドレスにならず、ミスにつながりやすくなります。打ち上げ同様、目標を見る角度やアドレスは平坦なホールと同じようにし、普段と同じ高さの球を打つつもりでスイングするように心がけましょう。

　また、風向きを確認することも大切。打ち下ろしホールは視界が広がっており、空に向かって打ち出したくなりますが、ボールの滞空時間が長くなるため、実際よりも距離が伸びることが多く、風の影響も受けやすいので注意が必要です。アゲインスト（向かい風）のときは、普段よりもクラブを短く握り、ボールの位置を少し右に置くことによって低い弾道になり、風に押し戻されない打球となるはずです。

POINT

目標を見る角度やアドレスは平坦なホールと同じようにし、ショットも風の影響を考慮し、高く上げないように心がけましょう

POINT

視界が広がっているため、豪快に打ち上げたくなりますが、ボールの滞空時間が長くなり、実際よりも距離が伸び、また風の影響も受けやすいので注意

×

低いフェアーウェーを見ると覗きこむような体勢になり、普段通りのアドレスにならず、ミスにつながりやすくなります

PARK GOLF COURSE STRATEGY

パークゴルフ コース攻略法

状況別攻略法 4

「つま先上がり」は前傾角度を浅くし、コンパクトにショット

ボールが足より高い位置にある「つま先上がり」はボールが左に飛びやすいライ。アドレス時にショットラインを目標地点より少し右に設定します。

重心がかかと寄りになりやすくこのアンバランスな状態でのフルスイングは困難です。かかと側によろけないように重心を足先に多くかけ、スタンス幅は広めにし、通常の7割かそれ以下の振り幅でスイングしましょう。

クラブはボール位置の高低に合わせて短く持ちコンパクトに。

ボール位置はスタンス中央寄りにセットし、傾斜の角度に応じて前傾角度を浅くします。傾斜に沿ってスイングしますが、空振りしやすいのでボールをよく見るようにしましょう。

かかと側にヨロけないようにややつま先側に体重をかけますが、つま先体重にならないように気をつけましょう

POINT
クラブはボール位置の高低に合わせていつもより短く持ち、ボール位置はスタンス中央寄りにセット

通常の７割かそれ以下の振り幅で、コンパクトに振り抜きましょう

状況別攻略法 5

「つま先下がり」はひざを深く曲げて、重心を落とす

ボールが足より低い位置にある「つま先下がり」のライでは、ボールが右に行きやすいため、多少左寄りにターゲットを設定します。スイングで体が前に突っ込みやすいので、アドレスではスタンスを広めにとって、ひざを深く曲げて重心を落とし、下半身を安定させるようにしましょう。

気をつけたいのは、前傾角度を深くして前屈みのアドレスにならないようにすること。股関節の前傾が深くなるほど、体がスムーズに回りづらくなるからです。

上体の前傾角度とひざの高さをキープし、ダウンスイングでひざを右から左へとスライドさせる感じで打ちます。傾斜がきついほどバランスがとりづらくなるので振り幅を小さくします。ミート重視でコンパクトに打ちましょう。

普段のアドレスをとると前のめりになってそれを支えようとひざが伸び上がってしまうので気をつけましょう

POINT
つま先下がりは両ひざと腰を深く折り曲げて重心を低くします

アドレス時の両ひざと腰、上体の前傾角度を変えないようにスイングします

PARK GOLF COURSE STRATEGY

パークゴルフ コース攻略法

状況別攻略法 6

「左足上がり」は左足を深く曲げ、両ひざを水平面と平行に

「左足上がり」は、左足がボールの位置より上になります。傾斜なりに振る場合、体重を真ん中からやや右足に乗せ、左足を深めに曲げて両ひざを水平面と平行にします。こうすることでボールを真上から見て構えることができ、バックスイングでも違和感なくクラブを上げられるようになります。

　スイングは傾斜に沿って大振りをせず、フルショットの7割以下のスイングを心がけてミート率を上げることに徹しましょう。

　ボールは上がりやすく左へ飛び出しやすくなるので、ボール位置は左右センターかボール1個分右寄りにします。

スイングは傾斜に沿ってショット

左足を深めに曲げて両ひざを水平面と平行に

バランスを崩さない
ように注意

「左足下がり」はボールを右に、フェースはかぶせ気味に

左足がボールの位置より下になる「左足下がり」。スタンスを広くして右ひざを曲げ、肩を水平にすること。

ボールが上がりにくく右に飛びやすいのでターゲットを通常より左にとり、体重は左右の足に均等に配分し、ボール位置はセンターかボール1個分右に置きます。足場が不安定な状況からのショットなのでバランス重視で、クラブを短く持ち、振り幅は小さめ。「かぶせ打ち」の要領で傾斜に沿ってヘッドを出すようにスイングしましょう。

コンパクトにショット

右ひざを曲げてバランスをとります

伸び上がらないようにしましょう

PARKGOLF COURSE STRATEGY
パークゴルフ コース攻略法

状況別攻略法 8

バンカーからの脱出①
砂に乗っている場合はまっすぐ軽くヒット

バンカーに入ってしまったら、まずはピンを直接狙わず、確実に一打で脱出することに集中しましょう。そのためには、ライやアゴの高さをしっかり確認すること。そしてその高さがどれくらいあるかによって、インパクトの瞬間にボールがどう影響するかもイメージしましょう。

ショットの仕方はボールが砂の上に乗っている状態か、砂に埋まっている状態なのかで判断します。

ボールが砂の上に乗っている場合には、スクエアスタンスでソールを滑らせるようにまっすぐ軽く打つようにしましょう。

ライやアゴの高さをしっかり確認しましょう

無理に力を入れなくても自然とバンカーから転がり出てくれます

バンカーのアゴに沿って軽く打ちます

PARK GOLF COURSE STRATEGY

パークゴルフ コース攻略法

状況別攻略法 9

バンカーからの脱出②
砂に埋まっている場合はかぶせ打ちで

バンカーでボールが砂に深く埋まっている状態であればかぶせ打ちを使います。

かぶせ打ちは、木の根元やネット際などボールが通常のストロークで打てない場合にも使いますが（40・120ページ参照）、バンカー内でも有効です。

かぶせ打ちを使ってボールを周りの砂もはじくように鋭角に振り下ろしましょう。

かぶせ打ちの場合、ボール位置は右寄りに置きます

POINT

これぐらいのボール跡が残るくらいの強さでショット

斜め上からかぶせて叩きつけるようにして打ちます

砂ごとはじくように鋭角に振り下ろしましょう

1

2

3

4

PARK GOLF COURSE STRATEGY

パークゴルフ コース攻略法

状況別攻略法 10

ピンが近いバンカーからは平坦な場所に打つ

ボール位置からピンまでの距離が近い状況では、まずは、止めどころとなる平坦な場所を探します。そうした場所がない場合、グリーンの傾斜がわかったら多少ミスしても、次のパットで上りのラインを残すことを考慮して脱出を図るのが、スコアメークの鍵となります。

　狙いどころを定めたら、そこへボールが転がるように打ちます。短い距離を打つのですからクラブは短く、大きな振り幅でスイングせずコンパクトにショットします。インパクトでヘッドを止めずに、フォロースルーまでしっかりヘッドを振り抜きます。

狙いを定めたらコンパクトにショット。インパクトでヘッドを止めずに、フォロースルーまでしっかりヘッドを振り抜きましょう

POINT

ボール位置からピンまでの距離が近い状況では、止めどころとなるフラットな場所を探すことから始めましょう

PARKGOLF COURSE STRATEGY

パークゴルフ コース攻略法

状況別攻略法 11

バンカー越えではボールを上げようとしない

バンカーがグリーン手前にある場合、ボールを上げなければいけない状況でないことも多いので、無理にボールを上げようとせず、通常のショットで打っていきます。必要以上にバンカーを気にすると注意がそちらに向き、いつものスイングができなくなりますから、バンカーがあるとしても何もないと思っていつもどおりにスイングしましょう。このとき、バンカーにバウンドすることも考慮してショットするようにしましょう。

バンカーを越えてからピンまで距離がない場合は、ボールを上げたくなるものですが、力みも出やすくなりますから気楽に打つようにしましょう。

ピンを直接狙ったり、無理にボールを上げようとするとバンカーに入るなどミスしやすくなるので注意

POINT

バンカーがあっても無理にボールを上げようとせず、いつもどおりのスイングで

PARK GOLF COURSE STRATEGY

パークゴルフ コース攻略法

状況別攻略法 12

バンカーの端から打つ① バックスイングができないときは横に出す

目標方向に打とうとしたときに、バンカーのアゴが邪魔になってバックスイングができないときは、無理に目標を狙おうとせず、まずは横に出しましょう。

特にボールと足が同じ高さで構えられる方向を探し出して打つと楽に打てるので、この方向に打ち出すのがベスト。もしくはバックスイングができるようにスタンス位置を変えて打っても良いでしょう。

グリーン方向に出そうとするとバックスイングができません

グリーンを狙うよりボールと足が同じ高さで構えられる方向に打ち出すのがベスト

この場合、バックスイングができるようにスタンスの位置を変え、安全なフェアーウェー上を狙います

ボール位置が足場より下にくるので前のめりにならないように注意しながら打ちます

PARKGOLF
COURSE
STRATEGY

パークゴルフ コース攻略法

状況別攻略法 13

バンカーの端から打つ②
フォロースルーがとりづらい場合はかぶせ打ちで

ボールの目の前にバンカーのアゴがあるなどフォロースルーがとりづらい状況での脱出方法は2通りあります。バンカーのアゴを利用する方法ですが、アゴに強く当てるつもりでかぶせ打ちを使ってヘッドを振り下ろすと、ポンッと跳ね出てアゴに沿ってボールが高く上がります。

　もう一つは前ページで紹介したように、ボールと足の位置が同じになるように構えられる方向に打ち出すことです。

ボールと足の位置が同じになるように構えて打つ脱出方法も有効

フォロースルーが取りづらいバンカー

かぶせ打ちを使います

PARK GOLF COURSE STRATEGY

パークゴルフ コース攻略法

状況別攻略法 14

アゴの高低によってショットは使い分ける

アゴが高い、低いにかかわらず、ピンに寄せよう、カップインしようなどと考えずに、一打で脱出させることに集中することがバンカーショットの基本です。

アゴが高いバンカーから脱出する場合は、ボールを右足前に置き、振り幅を確認しながら右足体重にしてかぶせ打ちしましょう。

アゴが低いバンカーの場合は、クラブを短く持ち左足前くらいにボールがくるように構え、ヘッドをまっすぐ打ち出します。

バンカーからのショットの場合は、カップインを狙うよりも１打で脱出することを心がけましょう

アゴが低いバンカーの場合は左足前くらいにボールがくるように構え、クラブは短く

ヘッドをまっすぐ打ち出します

PARK GOLF COURSE STRATEGY
パークゴルフ コース攻略法

状況別攻略法 15

林からの脱出は次打が打ちやすい場所へ

林間コースでもまず優先することはピンを狙うことではなく、フェアーウェーなりにボールを運ぶこと。そして、もし、林の中にボールが入ってしまった場合もライの確認は忘れずに行いましょう。

特に、林の中だと多くはベアグラウンドだったり、落ち葉が積もっていたり、普通に打てないライばかりです。

ライを確認したら、ボール付近からグリーン方向を見て木と木の間の隙間が前方にあり、その隙間が1メートルほどあれば前へ出しましょう。

前方にボールを出せる隙間がなければ、安全策をとって次打が打ちやすいように横か後方へ出します。このとき木の上部の枝葉に引っかからないように、ボールは転がすか低い弾道で打ち出すようにしましょう。そのためにクラブを短く持ち、スタンスを狭くして少し右にボールを置きます。打ち損じないようボールの近くに立ち、左足に体重を乗せて小さな振り幅で打ちましょう。

林間コースではフェアーウェー上を進むのを優先させましょう

前方にボールを出せるスペースがない場合は、安全策をとって横へ出しましょう

POINT

前方が開けていてグリーンを狙える位置であれば目標はグリーンで

PARK GOLF
COURSE
STRATEGY

パークゴルフ コース攻略法

状況別攻略法 16

木や植栽の根元、ネット際では「逆さ打ち」も有効

木の根元やネット際など、ボールが通常のストロークで打てない場合に有効なのは「かぶせ打ち」です（40ページ参照）。

打つ方向によっては、スタンスの方向を変えたり、かがんで打ったり、フェース面を通常とは逆に向けて打つ「逆さ打ち」をしても良いでしょう。逆さ打ちで打つ場合、ボールの位置は右足前、クラブは短く持って打ちましょう。

ただし、木の根にボールが挟まっていたり、スイングの際、クラブが幹に当たってバックスイングがとれない場合は、アンプレヤブルの処置を取るのが賢明です。ルールではコース内の生長物や動かせない障害物などによりプレーが続行できないときに、アンプレヤブルを宣言することができます。宣言した場合は、2打を加算してボールが止まっていたところから、2クラブ以内でカップに近づかない位置にプレースしてプレーを続行しましょう。

POINT

植栽にふれないように気をつけて打ちましょう

木の根元にボールが止まったときはかぶせ打ちで

打つ方向によってはフェース面を通常とは逆に向けて打つ「逆さ打ち」をしてもいいでしょう

1

木の根元にスッポリ入ってしまいバックスイングがとれない状況

2

ボールを打てないときはアンプレヤブルを宣言しましょう

3

アンプレヤブルを宣言したら２打を加算してボールが止まっていたところから、２クラブ以内でカップに近づかない位置にプレースします

4

コラム 4

COLUMN 4

移動は素早くを意識しよう

プレーに入る前には、ラインの確認や目標設定などしなければならないことが沢山あります。こうした時間をとることによって、スロープレーで同伴者の迷惑にならないよう意識しながらプレーするのは大切なことですが、難しいことでもあります。まして大会出場となると緊張感も加わるため、いつもの自分のペースでプレーするのは大変です。

自分と同伴者のペースの両方に気を配るためには、いかにボールを打つまでの時間をつくり出すかが大切になります。そのためには移動を素早く行うようにしましょう。ホールからホールへの移動やボールの位置までの移動など、プレー前後を素早く行って時間を短縮することで、プレーに入ると慌てることなく時間をかけることができます。

慌てることはミスショットにもつながりますから、時間の使い方ひとつで上達度合いも変わります。

— CHAPTER 5 —

パークゴルフ コース攻略法

第５章

天候別対処法

気候はその日の芝や
プレースタイルに影響します。
対処法とは？

PARK GOLF
COURSE
STRATEGY

パークゴルフ コース攻略法

天候別対処法 1

冬場のプレー前はストレッチと素振りで体をほぐす

冬のプレーは、気温が下がることで筋肉が硬くなって体の動きが鈍くなりがち。冬に限らず意識してほしいのですが、プレーを始める前には必ずストレッチすることを習慣化しましょう。ストレッチや素振りで全身に血液を回して体を温めることが大切です。

　コース上ではよく歩くので下半身の動きは問題ありませんが、背中側の筋肉は硬くなっていますから、この部分を重点的にストレッチしてほぐすようにしましょう。オススメは首の後ろにクラブを担ぎ、クラブに両手をかけて体を左右にひねるストレッチ。通常のアドレスでスタンスをとり、バックスイングからフィニッシュまで左右両方向に体を回します。ストレッチしたら、さらに体が温まるまでゆったりとした素振りをしましょう。

　冬は、ロングホールでの待ち時間にも体が冷えて身体が硬くなりがち。順番待ちの際も、周辺に人がいないかを確認してこまめにストレッチや素振りをするように心がけましょう。

冬場は厚着になるので動きにくくなります

ストレッチで背中側の筋肉をほぐします

PARKGOLF
COURSE
STRATEGY
パークゴルフ コース攻略法

天候別対処法 2

風が強い時は低い弾道で

風が強い時には、ボールを高く上げれば上げるほど、滞空時間が長くなりボールが曲がりやすく、プレーにも影響が出てきます。

対処法として、低い弾道のボールを打つようにしましょう。少しフェース面をボールにかぶせて、バックスイングを10時の場所で止めるように打ちます。ポイントは、スイング後半でクラブを引き上げすぎないこと。低い打球にするためには、クラブヘッドを後ろから前に送り出すイメージでスイングすることが大切です。

7

後ろから前に送り出すイメージを持つことで強い打球が打てるようになり、風の抵抗に耐えられるため、風の影響でボールが曲がる確率が低くなります。

バックスイングを 10 時の場所で止めるように打ちます

クラブヘッドを後ろから前に送り出すイメージで

PARK GOLF COURSE STRATEGY

パークゴルフ コース攻略法

天候別対処法 3

雨の日のプレーは ラフの重さに気をつけよう

雨の日と晴れた日との最も大きな違いはラフの重さです。水滴がつくことによってボールとの摩擦が増え、飛距離は落ちてしまいます。ボールが隠れるぐらいの長さの芝の中に入り込んでしまうと、ラフから脱出させることが難しくなります。雨の日は芝の深いところをできるだけ避けるか、もしくはフェアーウェーなりにゲームを組み立てていくようにしましょう。

　芝の深いところを避けるためにボールを浮かせて打つ方法があり

ます。スタンスはオープンにしてフェース面を右に向け、送り出すように打ちます。慣れないと右に行きやすいので体は左に向けるようにします。

雨の日は、グリーンの芝も雨を吸って重くなり、パット同様にボールの転がりが遅くなるので強めに打つことを心がけましょう。

また、雨でグリップが滑りやすくなるため、タオルなどで拭くことのほか、クラブはいつもより親指幅ほど短めに握るようにしましょう。短く握ることで打球も安定します。

雨で体が冷えると体の動きが悪くなったり、視界が遮られるなどの集中力を欠きがち。雨天でもペースを崩さないように、レインウエアなどを着用して、ベストコンディションでプレーに臨みましょう。

フェース面は少し右に開きます

送り出すようにしっかりと打ち出します

PARK GOLF COURSE STRATEGY

パークゴルフ コース攻略法

天候別対処法 4

季節に応じたプレー①
夏場は芝の抵抗に注意

夏場は芝に勢いがありますから、芝が短くてもボールと芝との摩擦が大きくなり、飛距離が落ちてしまいます。特に夏場はボールを遠くに飛ばすために、ヘッドスピードを上げることが大切です。

しかし腕を速く振って、ヘッドスピードを上げようとするのはNG。腕に力が入ることでスイング軌道が不安定になり、ミスショットにつながりやすくなるからです。

また、夏は、ラフが長く、そして葉も強く粘るため、ラフに入れないコースマネジメントを特に意識したほうが良いでしょう。

ラフにつかまってしまった場合には、32～39ページのラフから脱出する方法を参照してプレーに臨みましょう。

ラフにつかまったら脱出することを最優先で

POINT

夏場はラフに入ると脱出が難しいので避けたいもの

PARKGOLF
COURSE
STRATEGY

パークゴルフ コース攻略法

天候別対処法 5

季節に応じたプレー② 冬の芝はボールがよく転がる

夏と比べて、秋、冬の芝はそれぞれ違うためシーズンに合わせた芝対策は不可欠です。寒くなってくると芝の勢いが弱くなるため、冬は芝が長くてもボールにかかる抵抗が少なくなり、見た目よりボールの転がりが良くなります。コントロール法として、一つはクラブを短く握ってみましょう。スイングが小さくなるため、打球を弱くすることができます。

　秋はラフの粘り強さは減っていきますが、晩秋になってくると落ち葉がコース上に見られるようになっていきます。枯れ葉の中にボールが沈むのは避けるほうが良いでしょう。

　冬は、芝が薄くなると同時に地面が固くなります。また、厚着によってスイングにも影響が出るため、自ずと飛距離は減りますから、これを考慮してプレーしましょう。ただし、この時期はラフでも芝に勢いがなくなりますから、打ちづらさが減ることと同時に地面が固くなり、ランが出ることを頭に入れてマネジメントするようにしましょう。

POINT

季節による芝の違いを理解しながらショットしましょう

枯れ葉によってボールが見えづらくなるので枯れ葉には注意しましょう。ルール上、ボールが枯れ葉の下に入ってしまってもみつからなければ取り除いて打つことができます。

COLUMN 5

5 コラム

ファッションを楽しもう！

パークゴルフの場合、服装は動きやすくスポーティーなものであれば問題ありませんが、プレーと共にオシャレを楽しむのもパークの醍醐味の一つです。

四季に応じたウエア選びをすると季節ごとのファッションの変化を楽しめるのでおすすめです。例えば、春は気分が軽くなるようなパステルカラーのウエアを選んだり、夏は暑さと汗をふきとばすような素材や色を選びたいもの。また、アンダーウエアを着用しておくと日焼け防止になります。

秋は朝夕の気温の変化に対応できるようにパーカーやウインドブレーカーなどを持って脱ぎ着できるようなスタイルで。冬はスイングに影響が出ない、軽くて温かい素材の防寒ウエアとインナーなどで寒さ対策をしてプレーを楽しみましょう。

コースのグリーンに映える、カラフルでデザイン性に優れたウエアでプレーに臨めば楽しい気分になり、プレーにも良い影響を与えるかもしれません。

— CHAPTER 6 —

パークゴルフ コース攻略法

第６章

コースマネジメント

スコアメークのポイントを詳しく解説します。

PARK GOLF COURSE STRATEGY

パークゴルフ コース攻略法

コースマネジメント 1

スコアをまとめるために① カップから逆算して攻略ルートを決める

コースの攻略ルートを探すには、まずはじめにティグラウンドに立って、打ってはいけない場所を探す、次打がラクになるにはどこにボールを運べば良いかを考えるようにすることを前に説明しました。そのためには、カップに近い側から逆算して考えていくことも大切です。

例えばパットの打ちやすい場所にボールを運ぶのに、アプローチしやすい場所はどこか、ティショットをどこに打てば良いかなどです。

次打をやさしく、安全に打てる場所へ運ぶようにすることで、その先のプレーで力んだり緊張したりすることもなくなるので、ミスを防ぐためにも大切なことです。

POINT

コースの攻略ルートはカップから逆算して決めましょう

PARK GOLF COURSE STRATEGY

パークゴルフ コース攻略法

コースマネジメント 2

スコアをまとめるために② ボールのライと風向きを確認

ティショットが計画どおりに打てたら、次はセカンドショット。2打目でピンを狙える状況であれば直接狙っても良いでしょう。ただし、いつもピンを狙ってまっすぐ打つことだけを考えてしまうと難しい状況に陥る可能性があることも忘れてはいけません。

ピンの位置はどこに切られているか、ボールのライはどのような状態なのか。また傾斜があるのか、風はどの方向から吹いているかなど、それらを見極めることなしに、ピンを狙ってまっすぐ打つことだけを考えるとミスによって打数を増やしかねません。その場の正確な情報を集め、適切な対処方法を考えることもスコアメークには欠かせません。

POINT

必ず風向きやライの確認は行いましょう

PARK GOLF
COURSE
STRATEGY

パークゴルフ コース攻略法

コースマネジメント 3

スコアをまとめるために③ 目標エリアは余裕をもって

普段の練習とは異なり、大会などプレッシャーのかかる場面では、なるべく目標を狭めないようにしましょう。

「必ずワンパットで沈めないと」など自分に「必ず」などと無理を課すと、力みから普段の練習のようにスムーズなスイングができなくなり、大きなミスにつながってしまう可能性が高くなってしまいます。

　この悪循環を断ち切りスコアをまとめるためには、余裕をもてるよう大きなエリアを目標として設定することです。

　例えばグリーンを目標にする場合にも、カップに入れることを目標にするのではなく、グリーンの真ん中に行く、乗せるだけと思えば気が楽になり、結果的にカップインする確率も高まります。

　こうした成功体験を積み重ねていくことで、失敗経験によるミスもだんだんと少なくなります。

POINT

スコアをまとめるためには目標範囲を広くすることが大切です

PARK GOLF
COURSE
STRATEGY

パークゴルフ コース攻略法

コースマネジメント 4

スコアをまとめるために④ プレー以外でも時間を無駄にしない

スコアメークのためには、プレー以外の時間を有効に使うことも大切です。ライの見極め、風向き、傾斜など様々な情報をティショットの直後から集め、セカンドショットの狙いどころを考えます。さらにセカンドショットを打ったら、グリーンに移動しながらラインを読み始めるなど、常に先んじて戦略を立てると、実際のプレーの直前で慌てたり時間をかけて同伴者に迷惑をかけることもなくなります。

また、攻略ルートやショット方法などの決断を早くする習慣をつけると、迷いながら自信のないショットになってミスすることも少なくなります。自分の順番が回ってきたら、迷わずテンポよく打てるためにも時間の使い方を見直してみましょう。

ティショットしたらすみやかに移動し、様々な情報を集めましょう

POINT

先んじて行動することでライン読みもゆっくり行うことができます

PARK GOLF COURSE STRATEGY

パークゴルフ コース攻略法

コースマネジメント 5

スコアをまとめるために⑤ 調子の波に差がある場合は ストレッチや素振りで整える

前半18ホールが良くベストスコアを期待したにもかかわらず、後半になると必ずスコアを崩してしまうという人もいるでしょう。このパターンがもし続いていれば、それは原因として体力不足が考えられます。

後半は体も動きづらくなってくるので、待ち時間にストレッチするなど、コンディションを維持するように心がけましょう。

36ホールの長丁場ですから、疲れてきてアドレスでかかと体重になりやすくなるのも十分考えられます。アドレスもチェックしましょう。

逆に前半はスコアが悪く、後半、好調になってくる場合には、午前中は体が温まっていないうちにプレーするためスムーズなスイングができないために、ミスショットにつながっているのが原因として考えられます。

早めにコースに着くようにして、素振りしたりして体をほぐし、体の動きを確認するようにしましょう。

POINT

前半、後半どちらかが好調の人は原因を見直しましょう

後半は疲れがたまり体が動きづらくなることも

PARK GOLF
COURSE
STRATEGY

パークゴルフ コース攻略法

コースマネジメント 6

スコアをまとめるために⑥
上がり3ホールは慎重になりすぎては×

調子の良い日の上がり3ホールでは「今日はベストスコアが狙える」などとスコアを意識しすぎて力んでしまい、スムーズなスイングができずミスを引き起こしやすくなります。

上がり間近のホールではスコアを意識しすぎず、素振りしたり、深呼吸したりして心を沈めて、一打一打のプレーに集中するようにしましょう。

しかし、スコアを意識しないといってもいずれは目標とするスコアを設定して、その壁を破らなければ、さらなる高みに臨むことはできません。

その壁を乗り越えるためには、「スコアを崩しそうだから守り、守りのプレーをする」のでは慎重になりすぎてショートするなどのミスが出てしまうことがあります。

それより自分の好調の波を信じて、「攻め」の積極的なプレーをしたほうが、たとえその日スコアを崩してしまったとしても、今後のスキルアップにつながるでしょう。

×

POINT

スコアを意識しすぎてはカんでしまいミスショットにつながります

PARK GOLF
COURSE
STRATEGY

パークゴルフ コース攻略法

7 コースマネジメント

コースにいる間は常に情報収集を怠らない

まず、基本中の基本としてティグラウンドに立つ前に、規定打数やホールナンバー、距離が記載してある距離表示を確認しましょう。コースによっては、スコアカードの裏面にホールマップが書かれている場合もあるので、それを見て攻略ルートを思い描いてからプレーするのもポイントです。

ティグラウンドに立ってからは、フェアーウェーやグリーンを漠然と見るのではなく、そこから落とし穴や打ってはいけないエリアなど様々な情報を得てそれらを見抜くことが大切です。移動する間もホールとホールが隣り合っていて、木でホールが仕切られていないのであれば、隣のホールは見えるので、そのあとでプレーするホールを観察することができます。

前の組に待たされているときにも、情報収集できる貴重な機会。その中にはスコアに結びつく貴重な情報が紛れていることもあるので、どんなときでもつねに注意深く、情報を逃さないようにしましょう。

POINT

規定打数や距離表示は必ず確認

ロングホールは三つの地点を確認する

PARK GOLF COURSE STRATEGY

パークゴルフ コース攻略法

コースマネジメント 8

ロングホールのティショットの際は次の三つの地点を確認して戦略を立てましょう。「①ベストポジション②セカンドショットしやすい場所③取り返しのつかない最悪な場所」です。

①のベストポジションは、フェアーウェーセンターになります。②は深いラフなど①よりは打ちにくくても、2打目がミスショットにさえならなければいいと捉えられるポジション。③の取り返しのつかない最悪な場所というのは、OBや池に落としてしまうことなど。

ロングホールでは無理に距離を詰めようとせず、この3カ所を確認し、③の地点を避けるように気をつけながらフェアーウェーなりに打っていって第3打でグリーン、状況によってはピンを狙えるようなコース運びをしましょう。

ベストポジションを探し出しましょう

POINT

ロングホールは三つの地点を確認してプレーに臨みましょう

PARK GOLF
COURSE
STRATEGY

パークゴルフ コース攻略法

コースマネジメント 9

ショートホールでも狙いはグリーンセンター

本来、ショートホールではコースの状況によってはピンを狙える場合もありますが、ピンがどこに切られていてもグリーンのセンターを狙って打つことが基本的な攻略方法となります。つまり、まずは１打でグリーンにのせることが肝心です。

　ただしボールを高く上げてグリーンに運ぶような状況の場合、そこから転がってグリーンをオーバーしてしまうこともあるので力加減には注意が必要です。当然、ショートホールであっても、ライの確認やハザードの位置など基本的な確認事項は忘れないように。そして、手前にバンカーや池のない所にボールが落ちるように方向を考え、グリーンオンを目標にしましょう。

ショートホールだからといって安心せず、ライの確認も忘れずに

POINT

ショートホールでもピンを直接狙わずグリーンセンターを狙います

コラム 6

COLUMN 6

同伴者のプレーからコースの情報を得る

コースの情報収集は自分で打ったボールだけでなく、同伴者のプレーを見ることでもできます。同伴者のボールの転がりを見ていれば、事前にグリーンの速さやラインなどの情報を得られることもあるからです。

同伴者がパットする様子を見て「ラインの読みが外れたな」など、打った人のリアクションや表情でそれを読み取ることもできますから、そうした情報を得たら自分のラインについても読み直す必要が出てくるでしょう。

距離感も同伴者のストロークから判断できます。同伴者がパットを打ち出した瞬間の「オーバーするな」「ショートするな」という感じ、そしてそのボールは、実際そうなったのか。これらの情報は、次に打つ自分のパッティングに大いに役立つのです。ただし、ラインの延長線上などに立つと精神集中の妨げになりますから、相手の視界に入るような位置に立たないように気をつけましょう。

— CHAPTER 7 —

パークゴルフ コース攻略法

第7章

ミスショット

できれば出しなくない
ミスショット。
解消法を伝授。

PARK GOLF COURSE STRATEGY
パークゴルフ コース攻略法

1 ミスショット

打球が曲がる原因①スライスはフォローで手を高い位置に

ボールが右方向に飛び出すスライス。基本的な原因はインパクトでフェースが開いていたり、ダウンスイングでクラブがアウトサイドインになってスライスするのです。

これを解消するためには、目標方向にクラブを放り出すようにフォローの後半で手を高い位置にもっていくこと。トップがコンパクトでも左足に体重を乗せながら、こうした大きなフォローをとれば方向性と飛距離が安定するのです。

また、クローズドスタンスに構えるのも良いでしょう。クローズドスタンスには、体の開きを遅らせてヘッドの返しを促す効果が期待できます。ボールがつかまりやすくなるため、右に飛びにくくなるのです。

クローズドスタンスにするのも良いでしょう

POINT

目標方向にクラブを投げ出すようなイメージでフォローをつくりましょう

打球が曲がる原因②
下半身を安定させよう

ショットが曲がらないようにするためには下半身を安定させることが第一です。下半身がぐらついてしまうと当然、スイングもスムーズにいかず、打球が曲がってしまいます。

　下半身が不安定になっている人はスタンス幅が挟まっていないか確認してみましょう。スタンス幅を広げると下半身が左右方向に安定します。足裏全体に体重がのっているかも確認しましょう。全体にのせることで前後方向にも安定します。そうすることで上体の動きが支えられるようになります。

スタンスが狭いと下半身が左右方向に安定しません

○

POINT

スタンスは広くとり、足裏全体に体重をのせることで下半身が安定します

PARK GOLF COURSE STRATEGY

パークゴルフコース攻略法

ミスショット 3

打球が曲がる原因③ 体重移動はスムーズにしよう

バックスイングで右足に乗った体重が、左足に移らないままインパクトを迎えると、フェースが開いて曲がりやすくなるので要注意。トップからダウンスイングに移るタイミングで左足に体重が乗るとフォローで右かかとが上がり、スムーズに左へ回転できます。その際、ベルトのラインを水平に保ったまま腰を左へ回すようにすると、インパクトで左足に体重がのってきます。

POINT

左足にしっかりと体重がのるとフォローで右かかとが上がりスムーズに左へ回転できる

PARKGOLF
COURSE
STRATEGY
パークゴルフ コース攻略法

ミスショット 4

低い弾道をイメージし、体の起き上がりを防ぐ

体が起き上がることは、トップやダフりの原因になります。遠く、高く飛ばしたいと思うとどうしても、ボールを上げるイメージができ、体が起き上がってしまいます。ボールを上げようとせず転がすイメージにし、低い弾道に合わせて目線を落とすようにしてみましょう。さらにおへそを下に向けたまま振るように意識してみましょう。

　ボールを上げるときには多少体は起き上がるものですが、インパクト前にそれを抑えるため、やはりへそは下に向ける意識を持つと良いでしょう。

POINT

低い弾道に合わせて目線を落とすようにしましょう

おへそを下に向けたまま振るように意識してみましょう

PARK GOLF COURSE STRATEGY
パークゴルフ コース攻略法

5 ミスショット

ミスショットを防ぐために弾道イメージは明確に

フェアーウェーが広いホールでバンカーや池などのハザードがない場合、目標が漠然とするためか弾道のイメージが湧かず、OBに打ち込んだり、ミスしたりすることがあります。ミスを軽減するにはアドレスの向きを正確にしなければなりませんが（18・182ページ参照）、正しいアドレスは明確な弾道イメージがなければつくれませんから、ミスショットする可能性は高くなります。

　こうした場面では、イメージをつくるために、大きい木や植栽など仮想の障害物を設けます。これらをフェアーウェーの真ん中や、左右などイメージしやすい場所に立ててみることをおすすめします。

　弾道イメージがはっきりすると、ルーティンワークもスムーズに行うことができます。

POINT

大きい木など仮想の障害物を設けると弾道のイメージがしやすい

PARK GOLF
COURSE
STRATEGY
パークゴルフコース攻略法

6

ミスショット

ラフからのアプローチではクラブを短く持つ

ラフからの打ち出しは、芝の抵抗があるため、強く打ってしまう傾向があります。このため、芝の読みを誤ってしまうと距離が合わず、打ちすぎてオーバーさせてしまうこともあります。インパクトはしっかり、しかし、フォロースルーは小さくして飛距離を少なくするようにしましょう。

　ボールが右に行ったり、左に行ったりラフからのボールコントロールがうまくいかないときは、クラブを短く持ってみましょう。ラフからのアプローチの際にクラブを長く持つと、スイングの弧が大きくなり、ヘッドが芝に触る時間が長くなるため芝の抵抗を受けやすくなります。それを軽減するには、芝に触れる時間をできるだけ短くする必要があります。

　通常、クラブをゆっくりと正確にコントロールすることは難しいのですが、クラブを短く持つことでスイングの弧が小さくなって、速いスイングスピードになるため芝の抵抗を受けず、正確なボールコントロールができるようになるのです。

POINT

ラフからのアプローチではしっかりとインパクトし、フォロースルーはコンパクトに

芝の抵抗に負けないようにするためには、クラブをいつもより短めに持つようにしましょう

PARK GOLF COURSE STRATEGY

パークゴルフ コース攻略法 7

ミスショット

OBを減らすために ボールを高く上げない

OBを出さないためには、まずはティグラウンド上からコース全体を見て、OBラインがどの位置にあるかを確認することから始めましょう。ピンの奥にOBがあったり、左右どちらかにOBしやすいようであれば、あえてピン側を避けてティショットすることも時には必要です。こうした状況の場合は、スコア2を狙いにいってOBのリスクを高めるよりも、OBしない場所に打って、セカンドショットでピン側に寄せた方が確実にスコア3でカップインすることができます。

また、ボールを高く上げないこともOBになるリスクを回避するポイント。OBの出やすいコースは、高く上げたら上げた分だけ、ボールが思わぬ方向に跳ねるリスクが高まってしまうからです。ボールを高く上げないようにするには、ティアップの位置をいつもより体の中心寄りにして、打ちましょう。スイング時にフェースが地面に対して垂直になるため、ボールが上がりにくくなり、打球もコントロールしやすくなります。

POINT
まずはティグラウンド
上からOBの位置を
確認しましょう

6

OBの出やすいコースはボールを高く上げないようにしましょう

PARK GOLF COURSE STRATEGY

パークゴルフ コース攻略法

8

ミスショット

苦手ホールはアドレスチェックから

何度もプレーしたことがあるホームコースがあるとどうしても、いくつか苦手ホールがでてきてしまうもの。何度挑戦しても大叩きしてしまうこともあるでしょう。

ただ、この「苦手意識」が体のぎこちなさや、アドレスの向きが本当に正しいかという疑心暗鬼を生み、それを抱えたままプレーするため、動きに乱れが生じてしまう場合があります。

「景色に惑わされずに正しいアドレスができているか？」など苦手ホールにきたら再度、アドレスチェックをするようにしましょう。

また、毎回同じミスをするなら、狙いどころを変えてみるなど、あえていつもと違うことに挑戦してみるのも一つの方法です。いつも同じようなミスをしているのですから、たとえ失敗しても違うミスなら次につながるミスの可能性も秘めていると前向きにとらえれば、苦手ホールの傾向をつかんだり、いずれ克服することができるかもしれません。

POINT

アドレスの向きが正しいかを確認

PARK GOLF COURSE STRATEGY

パークゴルフ コース攻略法

9 ミスショット

朝イチのティショットでのミスは体を温めて解消

朝イチでは体が温まっていないので、コースに着いたら、プレーを始める前にストレッチすることを習慣化しましょう。

後続の組に迷惑を掛けない程度に素振りするのも良いでしょう。胸を大きくゆっくり回すように意識してスイングすると、体が回るようになります。これらの動きをセカセカしてしまうと、スイングリズムが早くなりミスショットにつながりますから、動作はゆっくりすることを心がけて、リズムを整えるようにしましょう。それでも十分に体が回らないようであれば、アドレスした際のボールの位置をいつもより右側に置き、クラブを短めに持つようにします。クラブをスムーズに振ることができます。

大会などのスタートホールでは、後続組やギャラリーが大勢いる中でのプレーになるため、緊張感から呼吸が浅くなりがちですから、打つ前に深呼吸を2、3回して呼吸を整えてから打つようにするのも朝イチのプレーでのポイントです。

体を温めるために足のストレッチも

POINT

クラブを使って両ヒジを伸ばしたまま左右に腕を動かすストレッチもおすすめ

COLUMN 7

コラム 7

パークのもうひとつの楽しみ！「ペアマッチ」の醍醐味とは

2人一組のチームを組んでプレーする「ペアマッチ」。2組4人で回り、一つのボールを2人で交互に打っていきます。

ペアマッチの醍醐味としては、通常の個人プレーで行う大会では、打球のラインなどの示唆はしてはいけないことになっていますが、ペアマッチでは相手からのアドバイスをもらっても良いことになっています。初心者はベテランプレーヤーと組めば、狙いどころや、パットラインなどさまざまなアドバイスも教えてもらえるので、初心者にとっては技術習得の絶好の機会にもなります。

また、「パットは得意だけれどロングショットは苦手」という人でも、大会でロングショットが得意な人と組めば、個人の大会では出せないようなスコアを出すことも夢ではありません。

最近はお揃いのウエアに身につけて大会に臨むペアもおり、ファッションを楽しむこともペアマッチの醍醐味の一つです。

— CHAPTER 8 —

パークゴルフ コース攻略法

第８章

メンタル

プレーにも影響を与えるメンタル。
プレー中とプレー以外の
メンタルコントロールを紹介。

PARK GOLF COURSE STRATEGY

パークゴルフ コース攻略法

1 メンタル

緊張感の中でのプレーはライン読みに集中

緊張してプレーに集中できないのは、周りの視線や雑音が気になっているからです。特にティショットの際にコースを見ながらどこにボールを運ぶかイメージすることで集中力が高まるので、それを意識すると、周囲の雑音が気にならなくなります。

次打をどこに打つかをイメージすることは、緊張する場面にかかわらず習慣化するようにしましょう。

笑顔をつくるように意識することも、頬の筋肉が緩み、体の筋肉をリラックスさせることができます。

また、大会ではギャラリーがティグラウンドの周囲だけでなく、グリーン周囲にも集まります。メンタルにかかっている部分が大きいパットですから、なおさら緊張感はとりたいところ。こうした場面では、ライン読みに集中するようにしましょう。両手で顔をはさんで視界をさえぎってライン読みをするようにするとギャラリーの視線も気にならなくなりますよ。

POINT

ティグラウンド側から
ラインをチェック

ギャラリーの視線をさえぎってライン読みに集中

PARK GOLF
COURSE
STRATEGY

パークゴルフ コース攻略法

メンタル 2

プレッシャーに打ち勝つために出しやすいミスを事前に把握

プレッシャーを感じたときには「リラックスしよう」「いつも通りに」などと自分に言い聞かせながらそれに負けないようにプレーしていることでしょう。

しかし、プレッシャーに負けてスコアを乱すことも少なくありません。これはスイングリズムが速くなって打ち急いでしまうことが原因です。プレッシャーがかかる場面では、「普段のリズムを取り戻さなければ」と思うとミスが許されない状況でかえって力が入り、楽にプレーすることができなくなります。思った通りのリズムで振れなくなるのは当たり前のことだと開き直り、リズムが狂ったときに、どういうミスが出やすいのかあらかじめ頭に入れておくことが大切です。

例えば、リズムが狂ったときにスライスしやすい、ダフりやすいなら、それを解消するように打つのです。プレッシャーがかかったときに自分がどういうミスを犯しやすいのか、あらかじめ把握しておけば、実際の場面で慌てることはないでしょう。

プレッシャーに負けてミスすることも

リズムが狂って正しいスイングフォームができていない

PARKGOLF
COURSE
STRATEGY

パークゴルフ コース攻略法

メンタル 3

ミスする感じがしたら、いったんアドレスをほどく

アドレスしてから「ミスしそう」などなんとなく嫌な感じがするときがあります。そういうときは、いったんアドレスをほどくようにしましょう。そして深呼吸をして、素振りなどのルーティンワークを行います。このとき、不安がしっかり消え去るまで、アドレスには入らないようにしましょう。

嫌だなという感覚は、スムーズな体の動きを妨げてしまうので動き続けることが大切なポイントになります。体の硬さをほぐさなければ、良い弾道がイメージできません。肩をゆらしたり、足踏みしたりするなど常に体を動かすようにしましょう。いつものリズムも戻ってくるでしょう。

足踏みするなどして硬くなった体をほぐしましょう

POINT

ミスする感じがしたら
アドレスをほどいて素
振りしましょう

PARK GOLF COURSE STRATEGY

パークゴルフ コース攻略法

4

メンタル

一つのプレーに一喜一憂しない

パークゴルフはメンタルが大きくプレーに作用しますから、感情の起伏もプレーに大きな影響を与えます。できれば一つのプレーに一喜一憂しないクセをつけたいものです。

パークゴルフにミスはつきものです。ミスをしたらまずはそれを受け入れ、次のホールにその気分を持ち込まないことが大切です。

ミスした直後は、次打のために最善の策を練ってプレーしても、次のホールで「あんなミスをしなければ」などとプレーしている最中、ずっと悔やんだりするかもしれません。

しかし、終わったことを嘆いてもミスした場面には戻れません。次をどうするか、気持ちの切り替えをすることが大切なのです。

例えば、ミスしたら深呼吸する、景色を見る、ボールを替えてみるなど、自分なりの気持ちの切り替えスイッチをつくって、プレー中に、実践してみるようにしましょう。

ミスが出たらそれを引きずるのではなく受け入れましょう

一つのプレーに一喜一憂せず平常心でプレーに臨みましょう

PARK GOLF COURSE STRATEGY

パークゴルフ コース攻略法

5

メンタル

ナイスショットするために リズム良く過ごそう

パークゴルフのプレーでリズムが大切であるということは前にふれました。パークゴルフでは実際にボールを打つ時間はわずかで、それ以外の大半は、次のホールやボールまでへの移動や前の組の待ち時間などにあてられます。プレーそのものだけでなく、それ以外の時間もリズム良く過ごすことがナイスショットにつながるのです。

ちょっとしたミスなどで、ガックリ肩を落として下を向きながら歩いたり、組の一番後ろをダラダラ歩くなどこのリズムが一定していない人もいます。しかし、こうした状態でプレーしてもスコアは悪くなるだけで、好調の波を引き寄せることはできないでしょう。

ティショットを打ち、早めにボールのところに行けば、次の攻略法を考える時間をつくれますし、良いリズムでプレーできるので余裕も生まれ、先頭を歩くことで前向きな気持ちとなり、良い結果につながるのです。リズムの良さもナイスプレーを生むのに欠かせません。

組の先頭を顔を上げて歩けば気持ちも前向きに

歩いているときも下を向いているようではいつものプレーリズムになりません

PARK GOLF
COURSE
STRATEGY
パークゴルフ コース攻略法

6 メンタル

〝いいボール〟の後にも素振りしよう

素振りは緊張感をとったり、硬くなった体をほぐしたり、色々な場面で必ずといっていいほど行われます。

特にスイングする前に行われる場合が多いでしょう。例えば、実際に打つ前に本番とまったく同じように素振りして、イメージの中の弾道を目で追ってナイスショットした良いイメージのままスイングに入る、などという活用の仕方もあります。

良いイメージを利用するということであれば、スイング後、特にナイスショットしたときにも素振りすることをおすすめします。

そのイメージが残っているうちに、そのときの構えや、スイング方法はどうだったのか振り返りながら、そのスイングを再現するようにすみやかに素振りを行うのです。

その良い感覚を体に染み込ませた素振りの後のスイングも、またナイスショットを生み出す、という好循環が期待できます。

POINT

ナイスショットの後に素振りする習慣を身につけましょう

良い感覚を体に染み込ませたら実際にティショット

PARK GOLF COURSE STRATEGY

パークゴルフ コース攻略法 7

メンタル

“大叩き”後は謙虚な気持ちでプレーに臨む

一度、あるホールで大叩きしてしまってその後、ズルズルとスコアを崩してしまった経験がある人も少なくないでしょう。原因はその後のホールで大叩きした分をすぐに取り返そうという焦りからくる力みによって、大叩きの連鎖を生んでしまい、そのまま大きくスコアを崩してしまうこと。

　では、その後のホールはどう攻略するべきか。大切なキーワードとなるのが謙虚さ。「1打縮めればいい」、「グリーンに寄せるだけでいい」という謙虚な気持ちで1ホールごと1打だけ縮める目標で打っていけば良いのです。こうして1ホール1ホールの小さな目標を積み重ねていく謙虚なプレーを続けていくことで、悪い流れを断ち切ることができるのです。

大叩きしてもすぐに挽回しようと焦らないこと

POINT

ミスしても冷静に1打だけでも縮めればいいと考えましょう

PARK GOLF COURSE STRATEGY

パークゴルフ コース攻略法

8

メンタル

嫌な流れを止めるために目標スコアを見直す

出だしで大叩きして、それ以降ズルズルとスコアを増やしてしまい、目標スコアを達成できずにあきらめてしまう人がいます。しかし、最初の数ホールであきらめてしまうのは早すぎます。

例えばスコア１００切りを目標にしていたのに、出だし6ホールで10打オーバーしてしまったとしても、36ホールあるうちのたった6ホール、6分の1をミスしてしまっただけですから6分の5で挽回できる可能性は十分あります。

後半もこのまま調子が上がらず、目標達成が難しくなっても、「１０５を切る」「１１０にする」など目標スコアを再度設定し直せば、前半でつまずいても、投げやりなプレーにならずにすみます。

また、新たな目標を立てると気持ちもリフレッシュできます。目標スコアを見直し、最後まであきらめずにプレーし続けることがスコアアップにつながるのです。

スコアを再設定することで新たな気持ちでプレーできます

PARK GOLF COURSE STRATEGY

パークゴルフ コース攻略法

9

メンタル

ショートパットは迷いを取り払うことが大切

ショートパットは「はずしてはいけない」というプレッシャーが強く働くためはずすことが多く、また距離が短い分、はずすとその後のプレーに精神的ダメージを受けやすくなります。

ショートパットは打球の勢いが弱く、またグリーン上の芝は短く刈り込まれていて表面の凹凸がよく見えるため、打球がこうした凹凸の影響も受けやすいように錯覚しがちです。しかし、土がむき出しになっていたり、芝が枯れていたりする場合を除き、実際はグリーン上でも芝があるため、その影響はあまり受けません。ラインを読む際には、「曲がってはずれそう」などと不安に思わず、その不安を取り払うようにしましょう。特にパットは、何かひとつでも迷いがあるとストロークが不安定になってしまうからです。

この不安要素をなくすためには、まず芝の状態をよく観察するようにしましょう。芝がしっかりと根付いていることがわかると、打球はそれほど曲がらないという確信が得られるからです。

ショートパットは距離が短い分プレッシャーがかかります

ライン読みは不安を取り除くためにもしっかりと

PARK GOLF COURSE STRATEGY

パークゴルフ コース攻略法

メンタル 10

出だし数ホールは安全で確実に

出だしの数ホールというのは、今日は好調なのか不調なのか全くわからないなかでのスタートになります。このためスタートで意気込む気持ちはあっても、出だしは〝攻め〟のプレーをするのではなく、トラブルにならないよう安全で確実なスタートで臨むようにしましょう。

飛距離は抑えめにして、クラブはコントロールしやすいように短く握るなどの工夫をします。最初でつまずくと、メンタルが乱れ、好調の波に乗るのが難しくなるからです。

心を落ち着けるためにも、少しずつ自分のリズムをつくっていきます。

1ホール、1ホールアクセルを踏むように調子の波に乗っていくのです。早めにリズムをつかむことによってスコアもまとまってきます。

POINT

出だしは飛距離を欲ばらず無難にスタート

コラム 8

COLUMN 8

アプローチの距離感のつかみ方

アプローチの距離感をつかむには、どこに落として、どのくらい転がすのかという弾道を具体的にイメージすることが大切です。そして、弾道の高さやスピードを思い描きながら素振りをしましょう。

素振りでは、実際にボールを打ったかのようにイメージの中でボールを打ち、その弾道を「強い」「弱い」と感じ取ったら、再度調整しながら素振りします。「振り幅はこれぐらいだな」とピンと感じたら、その感覚を忘れないうちに、実際のショットに入るようにしましょう。

素振りを「プレショットルーティン」の中に取り入れている人もいるでしょう。取り入れるのは良いことですが、プレショットルーティンの初めに素振りを取り入れても素振り後すぐに本番のスイングをしなければピンと来た感覚が忘れてしまうため、素振りの効果は期待できないでしょう。

― CHAPTER 9 ―

パークゴルフ コース攻略法

第９章

実践コース攻略

実際のコースを使って攻略法を考えましょう。

PARK GOLF COURSE STRATEGY

パークゴルフ コース攻略法

実践コース攻略 1

上りの右ドッグレッグは引っ掛けやすくなるので注意

清水公園展望パークゴルフ場
Dコース・4番　57m　パー4

上りの右ドッグレッグ。コーナーに高い木々があり、そこに入ってしまうとOBになりますからショートカットしようとしたり、コーナーギリギリを狙ったりすることはできません。86ページのドッグレッグ攻略法で紹介したように、2打目が打ちやすいコーナー反対側の「広いところを狙う」ことを心がけ安全なところに運びましょう。右ドッグレッグの場合、このコースのように左に打ちたいのでダウンスイングで上体が力んで右肩が前に出たり、右手に力が入ったりして引っ掛けやすくなるので注意が必要。上りコースでもあるので目線が上がって右肩下がりになることも気をつけたいところ。

　コーナーからグリーンにかけても上りコースとなっており、左足上がりから打つことになるのでひざのラインが水平面と平行になるイメージで構え、傾斜なりに打ちましょう。また、グリーン上は一見平坦でラインがストレートに見えても、傾斜や芝目などの確認は怠らないようにしましょう。

POINT

コーナーは狭くなっていますが、高い木があり引っかかるとOBになるのでショートカットせずコーナーのフェアーウェー上を狙います

アプローチが左足上がりになっていることを注意しながらショットしましょう

平坦に見えるグリーンでもライン読みは必ずしてからパットしましょう

PARK GOLF COURSE STRATEGY

パークゴルフ コース攻略法

実践コース攻略 2

アプローチはグリーン面が広く使える場所を狙おう

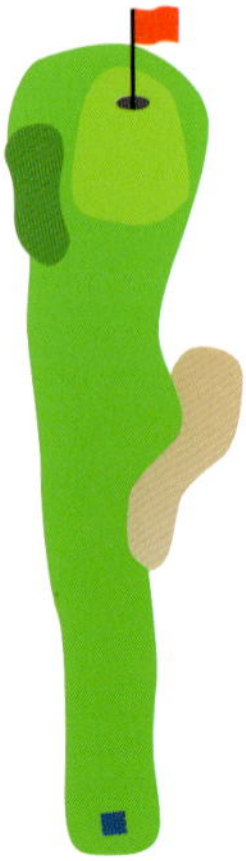

しらぬかパークゴルフインチャロ
南Bコース・1番　59m　パー4

ストレートなコースでも攻略は容易ではありません。ティグラウンドからグリーンに向かってアンジュレーションが続いています。アンジュレーションがあるとバウンドしやすいのでアンジュレーションが比較的少ない右フェアーウェーを狙い、右のグリーン手前にあるバンカー手前を目標にします。

　このコースのように左の金網が気になったり、左に行かせたくなかったりする場合にはティグラウンドの左側に立って右を向き、ホールの右サイドに向かって打つようにしましょう。

　ショートパットを狙うならアプローチではカップの手前につけたくなりますが、このホールの場合、手前を狙うと平坦な面が少なく狭い範囲に目標を設定することになってしまいます。カップも右に切られていますから狭い右サイドに外すと難しいパットが残るので、グリーン面が広く使える左サイドを狙いましょう。多少距離が残っても左サイドのほうが平坦でほぼストレートなラインで打つことができます。

POINT

左の金網が気になる場合、左側に立ってそこをシャットアウトします。目標はアンジュレーションの少ない右側が狙い目

バンカーや植栽の手前を目標にします

グリーン面が広く使え、平坦な左からパットするようにしましょう

PARK GOLF COURSE STRATEGY
パークゴルフ コース攻略法

実践コース攻略 3

距離を抑えるなら コントロールショットを使おう

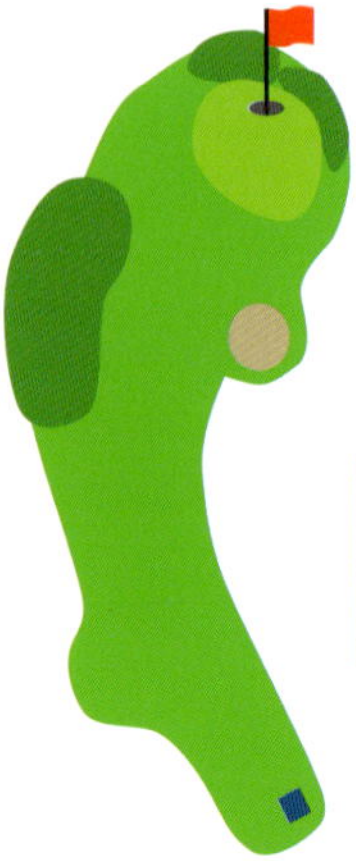

しらぬかパークゴルフインチャロ
北Bコース・4番　40m　パー4

ティグラウンドからグリーンまで緩やかな右カーブになっています。ティグラウンドからはピンが見えます。右に深いバンカー、左にマウンド状のラフがあります。ピンを直接狙おうとすると、木々の間を通したり、バンカーを通さなければならず難易度が高くなります。

目標はまっすぐ打ってフェアーウェーセンターを狙うようにしましょう。

ただし、「まっすぐ打たなければいけない」と思うと目標範囲が狭まり、自らプレッシャーをかけることにもなります。両サイドのどちらにも入りそうに感じたのなら、どちらにも届かないように距離を抑えて打つのも手です。フルショットで打つのではなく、クラブを短く持ってコンパクトに打つ「コントロールショット」をこうした場面で使えば攻略がやさしくなります。

アプローチではカップ手前につけて、パットではやさしく打てる上りラインを残すようにしましょう。

POINT
フェアーウェーセンターを狙います。まっすぐ打つのが難しければコントロールショットを使いましょう

理想はショートパットできるカップ手前ですが、この位置でもグリーン面が広く使えるので良いでしょう

PARK GOLF COURSE STRATEGY
パークゴルフ コース攻略法

実践コース攻略 4

受けグリーンではピンの手前につけるのが基本

清水公園展望パークゴルフ場
Dコース・7番　29m　パー3

上りのショートホールですから目線が上がって右肩が下がらないように気をつけながら打ちましょう。

受けグリーンになっているので、アプローチでは上りのやさしいパットが残るようにピンの手前につけるようにしましょう。理想はグリーンのくぼんでいる場所です。

受けグリーンの場合はよほど奥にピンが立てられている場合は別にして、手前から攻めることが基本です。

状況によっては無理にグリーンに乗せる必要がないこともあります。グリーン手前を心がけ、あとは上りのパットでカップインを狙うようにしましょう。

パットは上りですから、傾斜の影響を受けて打球が減速するため、強めに打つようにしましょう。

カップの先に目標を設定します。そしてその地点まで届かせるように強めにパットするようにしましょう。

POINT
受けグリーンは奥が上りになっているのでピンの手前につけるようにしましょう

7
PAR-3

上りパットは目標をカップの奥にして強めにパットしましょう

PARK GOLF COURSE STRATEGY

パークゴルフ コース攻略法

実践コース攻略 5

どちらかのサイドがＯＢならば まずはそこを避ける

しらぬかパークゴルフインチャロ
北Aコース・5番　46m　パー4

左ドッグレッグで、コースが左に傾斜しており、まっすぐ打つと左にボールが流れて、左ラフにつかまりやすくなりますから右方向を狙ってフェアーウェーのセンターに転がるようにします。

コーナーの右側は木やＯＢ、左はマウンド状のラフと大きな木があり、ショートカットはできないのでやはり右サイドを目標にします。

このようにコースのどちらかのサイドがＯＢの場合では入れれば即ペナルティとなるＯＢを避けることから攻略法を考えましょう。ですが、このホールのように左に下っていたり、左側にラフや木などがあって左に行けない場合は、状況を見てその方向へ打ってはいけないのか、行っても良しとするのか、判断することが重要なポイントとなります。もしそちらへ行っても大丈夫と判断したのなら、即ペナルティ側を避けることを優先しましょう。その際、入っても良しとしたラフや斜面のことは考えないようにするくらいのつもりでショットしましょう。

POINT

右はＯＢになっていますが、コースが左に傾いているため目標を右にしてフェアーウェーセンターにボールが来るようにします

ピン奥につけるとコロコロと転がり、植栽につかまることもあるのでカップ手前を目標にアプローチしましょう

上りラインを残すようにアプローチはカップの手前を目標にしましょう

コラム 9

COLUMN 9

上手な人のプレーを参考にしよう

パークゴルフにミスはつきものですから、初心者であっても、上級者であっても大なり小なりミスはおかしてしまっています。

　ただ、上級者の場合、ミスしたとしても「失敗した！」と叫んだり、投げやりな態度でプレーしたりすることはありません。どういうミスが出るのか予測もしていて、ミスしても平常心で受け入れる心構えができているのです。

　だから自分のリズムを崩すことなくプレーを続けることができるのです。

　こうしたプレーヤーと一緒にコースを回って観察していると学べることは沢山あります。

　見ているだけでは技術を真似することはできませんが、プレースタイルをお手本にすることはできます。特にメンタルコントロールを学ぶ上で、上手な人のそばにいて多くのことを吸収するようにしましょう。

パークゴルフ用語集

【ア】

アウトサイドイン
ダウンスイングからフォロースルーにかけてクラブが外側から内側に動くスイング軌道のこと。スライスの原因となることが多い。

アゲインスト（ウインド）
向かい風。

アドレス
スタンスを決め、ボールを打つ状態にすること。

アプローチショット
グリーン周りから、ピンを狙ってボールを打つこと。

アンジュレーション
コース上にある起伏。

アンプレヤブル
ボールが障害物などに邪魔されて止まり、ショットができない場合に、プレーヤー自身の判断に基づき「プレー不可能」を宣言すること。

【イ】

インサイドアウト
ダウンスイングからフォロースルーでクラブが内側から外側に動くスイング軌道。フックの原因となることも。

インパクト
クラブフェースがボールに当たる瞬間。

【ウ】

ウォーターハザード
コース内にある池や川、沼など水が障害になっている区域のこと。

【エ】

エッジ
グリーンやバンカーなどのふち。

【オ】

オーバー
ボールが目標地点より越えること。

オービー（ＯＢ）
アウト・オブ・バウンズの略でプレーが禁止されている区域のこと。境界線は白杭で表示され、ＯＢとの境界を示したＯＢラインとエリアを示したＯＢゾーンがある。

オープンスタンス
左足を後ろに引いた、やや左向きの構え方。

オン
ボールがグリーンに乗ること。

【カ】

カップイン
ボールがカップ内に止まり、かつボール全体がカップの縁よりも下にある状態。

【キ】

逆目
目標方向に対して、芝の向きが逆らっている状態のこと。

ギャラリー
観衆、見物人。

キャリー
打ったボールが地面に落下するまでの距離。

【ク】

クラブフェース
クラブヘッドの打球面のこと。

グリップ
クラブを握る部分のこと。またはクラブを握る方法・動作。

グリーン
芝生を短く刈ったカップがある場所。

クローズドスタンス
右足を後ろに引いた、やや右向きの構え方。

【コ】

コース
9ホール単位に構成された区域のこと。標準打数（パー）は33。

コースマネジメント
コースの戦略性を見抜いて、1ホールごと、1ショットごとの攻め方を組み立てること。

コースレイアウト
フェアーウェーの広さや植栽の配置など、コースの造りや特徴を総称した言葉。

コック
バックスイングの際に手首を曲げる動作。

コントロールショット
飛距離と方向性の精度を高める打球方法。

【シ】

順目
目標方向に対して、芝の向きが合っている状態のことをいう。

障害物
プレー中に遭遇する全ての障害物をいい、自然物・人工物の区別はない。

ショート
ボールが目標地点に届かないこと。

ショートカット
ドッグレッグホールのコーナーを越していくショット。

ショット
ボールを打つこと。

【ス】

スイング
クラブを振り子のように振る動き。

スクエア
クラブフェースの向きが目標に対して直角になること。あるいは、目標方向に対して、体を平行にしたスタンス。

スコアカード
各ホールの成績をつけるカードで、基準打数（パー）などが表示されている。

スタンス
ボールを打つために構える足の位置。

ストローク
クラブをスイングして、ボールが動いた場合をいう。

スパット
目印。

スライス
打ったボールが右方向に曲がること。

【ソ】

ソール
クラブヘッドの底の部分。または、ボールを打つ前にクラブを地面につけること。

【タ】

ダウンスイング
トップオブスイングからボールに向かってクラブを振り下ろす動作。

タッチ
パットの距離感。

ダフり
クラブヘッドがボールの手前をたたいてしまうミスショット。

【ツ】

つま先下がり（上がり）
ボールを打つとき、かかとよりつま先のほうが低くなる（高くなる）傾斜。

【テ】

ティ
各ホール1打目に使用するボールをのせる台。高さ2・3センチ以下で、なおかつ地表からボールの上部まで8センチ以下に規定されている。

ティアップ
ティショットを打つときに、ボールをティの上に乗せること。

ティアップエリア
ティグラウンド上で第1打目を打つ際に、ティを置くことができる範囲のこと。

ティグラウンド
各ホールのプレーを開始する場所。

ティショット
ティグラウンドから打つ第1打。

ディボット
ショットによって削り取られた芝のことだが、削り取られてできたくぼみを表すことが多い。

ティマーク
ティアップエリアを示す印。ラインで示してあるものをティラインという。

手打ち
体の回転と体重の移動を使わずに、手だけでクラブを振って打つこと。

【ト】

トゥ
クラブヘッドの先端。

同伴者
同じ組でプレーする人のこと。

ドッグレッグ
犬の後ろ足のようにフェアーウェーが左、または右に「くの字形」に曲がっているホールのこと。

トップ
ボールの上部を叩くミスショット。
トップオブスイング
バックスイングの頂点のこと。

【ハ】

パー
パークゴルフコースの標準打数。各ホールを標準打数でホールアウトした場合も「パー」という。1ラウンドのパーは66。
ハザード
バンカー及びウォーターハザードをいう。
バックスイング
スイングでクラブを上げること。
パット
グリーン上でボールを打つこと。
花道
フェアーウェーとグリーンをつなぐ、障害物のないエリアのこと。
バンカー
コースの難度を高めたり、変化を持たせるため、砂などを入れたくぼみになっているハザードの一つ。

【ヒ】

ヒール
クラブヘッドのカカトにあたる部分。
飛球線
目標に向かって飛ぶボールの仮想軌道。
ピン
ホールの位置を示すためにカップの中心に立てられた動かせない旗竿。

【フ】

フェアーウェー
ティグラウンドとグリーンとの間の芝生が短めに刈り込まれた区域。
フォロー（ウインド）
追い風。
フォロースルー
インパクトからフィニッシュまでのクラブの動き。
フック
打ったボールが左方向に曲がること。
プレース
OB、カジュアルウォーター、ぶつけられたボール、紛失球、アンプレヤブルなどのボールを規則に基づいた位置に置くこと。
紛失球（ロストボール）
プレー中に紛失したボールや自分のボールと確認できなかったボール。

【へ】

ベアグラウンド
芝がなく土がむき出しになった場所。
ヘッドアップ
スイング中に、頭が上がってしまうこと。
ヘッドスピード
クラブを振ったときのヘッドの速さ。
ペナルティ
規定により加算される付加打数のこと。1ペナルティに対し2打加算される。

【ホ】

ホール
グリーン上のボールを入れる穴のこと

でカップとも呼ぶ。またティグラウンドからグリーンまでのこと。

ホールアウト
ボールをカップに入れ、そのホールのプレーを終えること。

ボールマーカー
ルールに基づいて、ボールを拾い上げる場合に置く目印のこと。

拇指丘（ぼしきゅう）
足の親指のつけ根。

歩測
歩いて距離を計測すること。

【マ】

マーク
プレー中にボールが同伴者の邪魔になり、マークをしてボールを拾い上げるよう要求されたとき、ボールのある位置に目印を置いてボールを拾い上げること。ボールを拾い上げる場合、ボールの位置がわかるようにボールマーカーを置き、それからボールを取るようにする。

マウンド
コース内の小山、土手、土こぶなど。

【メ】

メンタル
心構え。

【ラ】

ライ
ボールの止まっている周辺の芝の状態や地形。「ライが悪い」とは、ボールが打ちにくい場所に止まっていることをいう。

ライン
ショットやパットでボールが進む道筋。

ラウンド
順序に従って各ホールを連続して回ること。18ホール回ることを1ラウンドという。

ラフ
OB、ハザード、フェアーウェー、グリーン以外の芝が長く伸びているエリア。

ラン
打ったボールが着地してから転がること。またはその距離。

【リ】

リプレース
規則により、拾い上げたボールを元の位置に戻すこと。

【ル】

ルーティーン
打つまでの手順のこと。

ルール
公益社団法人日本パークゴルフ協会（NPGA）が定めた「パークゴルフ規則」が、唯一のストロークプレーにおけるパークゴルフルール。

【ワ】

ワンオン
第1打でグリーンにのせること。

監修者　**萩 史之**　（はぎ　ふみゆき）

帯広市生まれ。ミズノアドバイザリースタッフ。パークゴルフ歴28年。1996年にパークゴルフの最高峰「JALカップ全日本パークゴルフ選手権大会」で史上最年少優勝。その後も優勝を重ね、2011年には史上初となる4度目の栄冠に輝く。毎年、春と秋には自ら企画･運営する「親睦パークゴルフ大会」を開催し、全国各地から大勢のプレーヤーを集めている。大会にも招待され、パークゴルフの普及活動も熱心に行っている。自らの名前を冠したクラブがミズノから発売されるなど、常に注目を集めている。

著　者　**和田 玲花**　（わだ　れいか）

札幌市生まれ。北海道の専門雑誌「月刊クォリティ」、パークゴルフ専門誌「パークゴルフビュー」を経て、現在はライターとして活動。

デザイン　佐々木 淳二

協　　力　しらぬかパークゴルフインチャロ
ポロシリ高原コース
清水公園展望パークゴルフ場
はらっぱ３６コース
札内川第１パークゴルフ場

衣装・用具協力　ミズノ
モデル協力　段 登志恵

スコアアップ！　名人・萩史之のパークゴルフコース攻略法

2015年6月1日　第1版第1刷発行
監　修　萩史之
著　者　和田玲花
発行者　松田敏一
発行所　北海道新聞社
〒060-8711　札幌市中央区大通西3丁目6
出版センター　編集　011-210-5742
営業　011-210-5744
印刷所　札幌大同印刷株式会社
ISBN　978-4-89453-783-5

※本書は右打ちの方を対象としています。